Tuinieren
in
kleine tuinen

TUINIEREN
IN
KLEINE
TUINEN

LANCE HATTATT

Illustraties
ELAINE FRANKS

Copyright © PARRAGON 2001

Realisatie oorspronkelijke uitgave: Robert Ditchfield Publishers
Fotografie © 2001 Robert Ditchfield
De illustraties op blz. 56 en 57 zijn van Brenda Stephenson

Copyright © 2003 Nederlandstalige editie

PARRAGON
Queen Street House
4 Queen Street
Bath BA1 1HE
UK

Realisatie: TextCase, Groningen
Vertaling: Ammerins Moss-de Boer
Redactie: Linda Beukers
Opmaak: Paul Boyer

Printed in China

ISBN 1-40540-075-7

De illustraties op blz. 56 en 57 zijn van Brenda Stephenson.

Blz. 1: de bekroonde kleine tuin van blz. 68.
Voorplat: de stadstuin van Mirabel Osler, beschreven op blz. 62.
Blz. 5: het waterornament in 'Een tuin vol potten' op blz. 116.

DIT BOEK laat u manieren zien om ook van een kleine ruimte een charmante en gezellige tuin te maken. Het begint met een uitleg van stijlen en tuinelementen die geschikt zijn voor kleine ruimten. In het centrale gedeelte worden elf tuinen tot in detail besproken. Sommige hiervan zijn erg klein, maar ook de grotere tuinen zijn onderverdeeld in zones die op kleine schaal zijn ontworpen. Deze tuinen laten zien hoe u de elementen en stijlen uit het eerste deel kunt toepassen en bevat nog meer inspirerende ideeën voor wie een nieuwe tuin wil creëren.

In het laatste deel ziet u hoe u planten gebruikt in een kleine tuin. Natuurlijk worden er veel kleine planten gebruikt, maar ook grotere planten, die u kunt snoeien, kunnen zeer goed in een kleine tuin worden toegepast.

SYMBOLEN

Waar de maten worden genoemd, betreft de eerste de hoogte van de plant en de tweede de spreiding. Ook de volgende symbolen worden gebruikt:

○ = gedijt het beste of alleen in de volle zon

◑ = gedijt het beste of alleen in halfschaduw

● = doet het ook in schaduw

G = groenblijvend

Staat er geen symbooltje en wordt er in de tekst niets gezegd over zon of schaduw, dan kunt u ervan uitgaan dat de plant gedijt in zon of lichte schaduw.

Veel planten zijn giftig; eet nooit delen van planten tenzij u zeker weet dat de plant eetbaar is.

Inhoud

Rechts: een doorkijkje in de grindtuin op blz. 92.

Tuinieren in een kleine ruimte

Steeds meer mensen hebben een kleine tuin. Omdat de kosten van land en de huizenprijzen de laatste jaren enorm zijn gestegen, is de kans dat mensen een grote tuin hebben, steeds kleiner geworden. Ook de verschuiving van het leven van de openheid van het platteland naar de relatieve beperkingen van de stad betekent dat tuintechnieken en -stijlen drastisch zijn veranderd. In combinatie met deze veranderingen delen wij onze vrije tijd tegenwoordig ook heel anders in, zodat veel mensen gewoon niet genoeg tijd en middelen tot hun beschikking hebben om een grote tuin te onderhouden.

DE UITDAGING

Een beperkte ruimte biedt natuurlijk zijn eigen uitdagingen en vereist meer fantasie, flexibiliteit en organisatie. Tuinen die het hele jaar door in hun geheel zichtbaar zijn, vereisen originele en innovatieve ideeën, wilt u de tuin altijd interessant houden. Ook esthetisch gezien is een kleine tuin een uitdaging, omdat niet alleen alle materialen en elementen geschikt moeten zijn voor een kleine ruimte, maar ook bij de omgeving moeten passen.

Kleine tuinen beperken uw keuze. Een kleine ruimte betekent dat u niet genoeg ruimte hebt om elke plant te planten die u mooi vindt. Ook kan niet elke stijl of elk element in een kleine tuin worden toegepast. U hebt veel zelfdiscipline nodig om duidelijke en eenvoudige oplossingen te vinden en zult uw ideeën vaak moeten herzien totdat u een samenhangend geheel hebt gecreëerd. Maar deze uitdaging is juist wat tuinieren zo leuk maakt.

U zult rekening moeten houden met privacy. Wanneer u de tuin gebruikt als een extra kamer buiten, zult u hier in de voorbereidende fase rekening mee moeten houden. Eveneens moet u een afweging maken tussen de keuze om de tuin puur als een siertuin te ontwerpen of de tuin een functionele invulling te geven. U zult ruimte moeten vinden voor de composthoop, vuilnisbakken, tuingereedschap, tuinmeubelen, oude potten, enzovoort.

De kleine tuin moet veelzijdig zijn. Hij kan niet, en moet ook niet, alleen een tuin zijn voor de tuinliefhebber, maar moet geschikt zijn voor de hele familie. Gezinnen met kleine kinderen hebben wellicht ruimte nodig voor

Alle beschikbare ruimte is hier ingenieus gebruikt om de kleur naadloos te laten overlopen van de zomer in de herfst. Eenjarige planten zijn gecombineerd met vaste planten, zodat de tuin het hele jaar door interessant is.

Een klein grasveld, hoge borders en een oude fruitboom creëren de ideale sfeer om in deze kleine stadstuin heerlijk buiten te eten.

een zandbak, schommel of klimtoestel. Anderen willen graag een plek om zich te ontspannen, vrienden te ontvangen, buiten te eten of te barbecuen. Dit kan leiden tot conflicten. U zult een compromis moeten vinden, maar vaak resulteert dit in een tuin met een eigen identiteit, die uiteindelijk volledig in harmonie is met de mensen die erin leven.

DE RUIMTE BEKIJKEN

De ligging van de tuin is voor kleine ruimten enorm belangrijk. Omliggende huizen en gebouwen, bomen of een verkeerde ligging kunnen resulteren in een gebrek aan zon in de tuin. Daarentegen kan een tuin juist ook zeer open zijn en veel zon vangen, wat betekent dat de tuin heet en droog is.

Het grondtype is ook een bepalende factor bij de keuze voor de planten die u kunt gebruiken. Het zuurgehalte in de grond, de pH-waarde, geeft aan welke plant het in uw tuin goed zal doen. Een pH van 7,0 geeft aan dat de grond neutraal is, niet basisch en niet zuur. Planten als rododendrons, de andromeda en zomerbloeiende heide houden niet van kalk en groeien alleen goed op een zure grond met een lage pH-waarde. Andere planten, zoals irissen en pioenen, groeien juist weer beter op kalkgrond.

De meeste planten zijn echter niet zo kieskeurig en groeien in bijna elke tuin, zolang u maar goed voor ze zorgt. In de meeste tuincentra kunt u grondtestkits kopen waarmee u zeer nauwkeurig het grondtype in uw tuin kunt bepalen.

Kleine tuinen, die meestal (maar niet altijd) zeer besloten zijn, creëren hun eigen microklimaat. Het resultaat hiervan is dat u vaak planten kunt telen en overhouden die eigenlijk niet winterhard zijn. Toch hebben sommige kleine tuinen juist – als gevolg van hun ligging – weer veel last van kou en kan de vorst hier extra hard toeslaan.

Een smal pad tussen twee huizen, zoals hier, vangt vaak veel wind.

Ook moet u rekening houden met de wind, die soms even schadelijk kan zijn als de ergste vorst. De ruimte tussen huizen is vaak smal, waardoor een windtunnel wordt gecreëerd en alle planten in het pad van de wind het extra hard te verduren hebben. In dat geval is het soms nodig een (natuurlijk) scherm te creëren om planten te beschermen.

EEN STIJL CREËREN

Het is soms moeilijker om een bestaande tuin over te nemen dan met niets te beginnen. Wees niet bang om ongewenste en onpraktische planten of elementen weg te halen. Het creëren van een individuele tuin met een dominant en herhaald thema resulteert in een tuin die niet alleen indruk maakt, maar die ook eenheid uitstraalt. Welke stijl u kiest, is natuurlijk een kwestie van smaak. Misschien houdt u van een landelijke tuin, momenteel een zeer populaire stijl, met een informele mix van fruit, bloemen en groenten. Of misschien prefereert u juist een formele tuin met strenge symmetrische vormen, zoals gesnoeide hagen en gladde wanden, waarin bloemen op de tweede plek komen. Het allerbelangrijkste is dat de uiteindelijke tuin een specifieke stijl heeft die consistent en identificeerbaar is.

Schaal, de verhouding tussen objecten, is een van de moeilijkste aspecten van een tuin. Probeer goed naar alles te kijken – gebouwen, bomen, heesters, vaste planten; niet als individuele elementen, maar als objecten die in verhouding staan tot elkaar.

Kleur, een van de meest oogstrelende aspecten van elke tuin, is in een kleine ruimte zeer belangrijk. Probeer altijd een te kleurrijk, ongecoördineerd geheel te vermijden. Het is beter om één kleur of kleurtint of een paar contrasterende kleuren te gebruiken.

De toepassing van kleur vereist veel zelfdiscipline, maar geeft uiteindelijk de beste resultaten. De vorm en structuur van het blad en ook de geur vereisen echter evenveel aandacht als het combineren van de juiste kleuren van bloemen.

Deze tuin, die op de Britse Chelsea Flower Show een gouden medaille won, laat zien hoe interessant een kleine ruimte kan zijn.

Een smalle border, dicht beplant met voornamelijk kleurrijke eenjarige planten.

CREATIEF PLANTEN

Wat beplanting betreft, vereisen kleine tuinen dat u van tevoren goed nadenkt. Denk na over welke planten betrouwbaar zijn, goed groeien en eventueel op de lange duur meer spanning in de tuin brengen. U kunt bomen bijvoorbeeld uitkiezen om hun blad, maar denk ook eens aan de kleur van de bloesem, de structuur van de bast en de kleur van het blad in de herfst. De beste heesters zijn heesters die niet alleen ongewone bloemen hebben, maar die na de bloei bessen dragen of het hele jaar door mooi groen zijn.

Zowel bomen als heesters zijn ideale gastheren voor klimplanten, zoals de clematis. Sommige overblijvende bloemen hebben prachtige fijne bladeren en ongewone en dramatische zaadbollen.

Maak zoveel mogelijk gebruik van verticale planten als ondersteuning voor klimplanten. Ook horizontale elementen, zoals de bovenste takken van heesters, touwen of kabels, en de bovenkant van een scheidingsmuur of schutting kunnen heel goed worden gebruikt om er klimplanten tegenaan te laten groeien.

U hoeft u bij de beplanting niet te beperken tot de traditionele borders. U kunt ook een verhoogde border maken, die op zich al extra interesse toevoegt, voor planten waarvoor anders niet genoeg ruimte is. Ook zijn verhoogde borders ideaal voor rotsplanten of andere planten die extra drainage nodig hebben. Potten, uiteenlopend van terracotta, urnen of zinken bakken, kunnen individueel of als groep worden neergezet om een aantrekkelijk en kleurrijk arrangement te creëren. Een voordeel van potten is dat u ze kunt verplaatsen of kunt vullen met een andere plant zodra het seizoen voorbij is.

Vergeet ook de mogelijkheden van uw buitenmuur niet. Naast het feit dat muren geschikt zijn voor klimplanten kunt u ook potten en bloembakken ophangen, zodat het oog omhoog wordt getrokken en een anders oninteressante buitenkant wordt opgefleurd.

Bent u wat avontuurlijker aangelegd, dan kunt u van verschillende wintergroene heesters en planten creatieve hoogstandjes maken. De taxus en buxus worden het meest gebruikt om in vormen te snoeien, maar ook kamperfoeliestruiken, Portugese laurier en klimop kunnen worden gesnoeid en langs vormen geleid.

Tuinieren in een kleine ruimte kan voor u niets meer zijn dan het neerzetten van een paar potten op een balkon of vensterbank. Dat maakt helemaal niets uit. De allerkleinste tuinen die u in dit boek zult tegenkomen, zijn de kleine plantenbakjes die u in de zomer bij de bloemist en op de markt kunt kopen. Zo'n klein bakje bevat vaak alle elementen die u in een tuin ook tegenkomt, zoals grind, mos, wat takjes, een bloeiend plantje of een kleine anjer en wat geurende tijm.

Deze minituintjes bevatten de essentiële ingrediënten voor een tuin en door deze tuintjes, en natuurlijk andere tuinen, goed te bekijken, zult u leren hoe u kunt streven naar uw ideale tuin – de grote beloning van al uw werk.

Kleine tuinen hoeven niet per se saai te zijn. Deze tuin maakt perfect gebruik van groene planten, wat een gevoel van weldaad creëert.

Terrassen en bestrating

Voor veel mensen is bij tuinieren in een kleine ruimte een traditioneel grasveld niet alleen ongeschikt, maar ook totaal onpraktisch. Bestrating, in welke vorm dan ook, is een ideale oplossing om een tuin onder alle weersomstandigheden en in alle jaargetijden toegankelijk te maken.

Oude tuintegels, granieten tegels, keien, bakstenen en grind zijn zeer aantrekkelijk en interessant als bestrating. Wanneer gerecyclede stenen en tegels te duur zijn, vindt u in bouwmarkten nog genoeg andere goedkope materialen. Voor een terras kunt u als alternatief voor steen ook behandeld hout gebruiken.

Reproductietegels zijn in deze terrastuin gebruikt in de vorm van een informeel pad.

Dit hoekje van de tuin, met een latwerk tegen de schutting en een witgeschilderd prieel, vangt veel zon en warmte.

Zorgvuldig gebruik van kleuren is de inspiratie voor dit willekeurig bestraat terras direct tegen het huis aan. Weelderige vrouwenmantel, *Alchemilla mollis*, krijgt de kans zich hier te verspreiden, net als klaprozen en viooltjes.

Het succes van een modern ontwerp als dit is volledig afhankelijk van de bewuste uitvoering van een relatief eenvoudig idee.

Grind, waar planten tussendoor kunnen groeien, contrasteert mooi met de regelmatige vorm van de tegels en maakt van deze moderne tuin een functioneel geheel.

Zet rondom een stoel, zoals deze,
potten met zomerbloeiende lelies.
Lelies kunnen prima in potten worden
gehouden. Geef ze tijdens de bloei
wel voldoende water.

Zitjes in kleine tuinen

Natuurlijk is tuinieren hard werken, maar u moet zich ook in een tuin kunnen ontspannen. Dit is vooral het geval in een kleine tuin, omdat deze vaak dienstdoet als extra buitenkamer waar u gezellig kunt zitten of eten.

Zitjes in kleine tuinen moeten multifunctioneel zijn. Aan de ene kant moeten ze er leuk en uitnodigend uitzien en bij de rest van de tuin passen. Aan de andere kant moeten ze ook functioneel, sterk, weersbestendig en duurzaam zijn.

Natuurlijk of geschilderd hout, metaal, steen en plastic zijn materialen die goed bestand zijn tegen de elementen.

Hoewel dit zitje een ideaal rustplekje is, is het vooral bedoeld als visueel element in een kleine tuin.

Een rustiek bankje is neergezet in een nauw hoekje tussen stenen muren. De overhangende heesters creëren een sfeer van tijdloosheid.

Potten

Potten en plantenbakken zijn een absolute noodzaak in tuinen met weinig ruimte. Er wordt wel gezegd dat er geen plant bestaat die niet in een pot kan groeien; u zult verbaasd staan van de successen die u met potten kunt behalen.

Een goede drainage is essentieel als u planten in potten wilt laten groeien. Gebruikt u potten die eigenlijk niet voor planten bedoeld zijn, maak dan een paar afwateringsgaten in de bodem. Leg hier een laag scherven overheen voordat u de potgrond toevoegt, zodat uw planten niet te nat worden.

Een slimme combinatie van bloembakken, op verschillende hoogten neergezet, en een aantal potten resulteert in een kleurig ensemble.

Cement is geen enkel obsta-
kel wanneer u de muren
wilt versieren (zie 'Een tuin
vol potplanten', blz. 116).

Hosta's zijn ideale
potplanten.

Lentebloeiers, zoals deze felle viooltjes en gele tulpen,
krijgen extra cachet in deze mooie, klassieke urn.

Weer werd de fantasie van de eigenaars van 'Een tuin vol potplanten' (zie blz. 116) aangesproken. Het schuine dak van dit tuinhuisje fungeert als plank waarop een paar kleurige potten zijn neergezet.

Solanum rantonnetii, een delicate klimplant, staat in de zomermaanden aan de voet van een stenen trap in 'Een grindtuin' (zie blz. 92).

Deze agave in pot vormt het middelpunt van deze ommuurde tuin die, ondanks dat hij erg besloten ligt, veel zon aantrekt.

Laurierboompjes kunnen prachtig als potplant worden gehouden. Deze heeft een gedraaide stam.

Santolina, of heiligenkruid, groeit in deze grote, geglazuurde aardewerken pot. Deze pot zou er ook leeg erg mooi uitzien.

Een prachtig geproportioneerde en gedecoreerde pot, die groot genoeg is om op zich in deze mooie tuin te worden neergezet.

Mirabel Osler (zie blz. 62) heeft deze stenen pot puur als decoratie in haar stadstuin neergezet.

Aardbeien horen echt bij de zomer en kunnen zeer
goed in een aardewerken aardbeienpot worden
gehouden. Zelfs voordat de vruchten rijp zijn, zijn de
bladeren en bloesems een mooi gezicht.

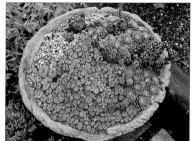

Niets is eenvoudiger dan een kleine schaal, gevuld met verschillende soorten huislook.

Een stenen trog is hier gebruikt als mini-tuintje voor kleine rotsplantjes. Over de potgrond is tuingrit gestrooid.

Een uitgebreide rotstuin, prachtig beplant, in een antieke stenen trog. De roze flox valt direct op.

Kleine varianten van de geranium kunnen ook zeker in een plantenbak worden geplant. Door extra grit toe te voegen verbetert u de afwatering.

25

Een horizontale spijl voor het raam geeft steun aan potten. Let er natuurlijk wel altijd op dat de spijl ook goed vastzit.

Planten die dicht op elkaar geplant zijn, geven een sterk visueel effect.

De voorkant van dit huis wordt opgefleurd door een verzameling zomerbloemen.

Koele witte, crème en blauwe tinten passen goed bij elkaar in deze geraffineerde, fantasierijke en goed gevulde plantenbak.

Nog een voorbeeld van een goed doordacht schema. Hier worden de rode en paarse tinten, die sterk tegen elkaar afsteken, verzacht door het groene blad.

Bloembakken zijn niet alleen geschikt voor zomerplanten.

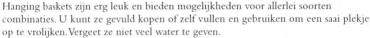

Hanging baskets zijn erg leuk en bieden mogelijkheden voor allerlei soorten combinaties. U kunt ze gevuld kopen of zelf vullen en gebruiken om een saai plekje op te vrolijken. Vergeet ze niet veel water te geven.

Deze hanging basket bevat naast bloemen ook een paar takjes munt.

Een saaie muur wordt het stralende middelpunt met deze hanging basket.

De *Fuchsia* 'Miss California' heeft een zeer zachte roze kleur.

Paden

In de meeste tuinen zijn paden de belangrijkste vorm van bestrating. De materialen waarvan paden worden gemaakt, verschillen. De uiteindelijke keuze is grotendeels afhankelijk van het doel van het pad, de ligging en de intensiviteit van gebruik. Oude tegels of bakstenen kunnen in interessante patronen worden gelegd, maar zijn helaas vaak erg duur. Grind is een goedkoper alternatief, maar moet wel zorgvuldig van de beplanting worden gescheiden. Keien en graniet zijn ook erg effectief en zijn vaak als moderne reproducties verkrijgbaar. Voor informele paden zijn sintel en berkenschors zeer geschikt.

In een kleine ruimte, zoals deze ommuurde tuin, krijgt een pad een belangrijke rol. Het heeft hier twee functies: het is zowel decoratief als een toegangsweg.

Hier wordt een reeks tegels door een border omgeven door *Acaena*.

Een leuk idee voor een pad door een kruidentuin. Hier worden oude materialen fantasievol hergebruikt.

Deze hele tuin krijgt vorm door de positie van de paden en trapjes. De materialen voor beide zijn gelijk, zodat het geheel in deze toch kleine ruimte een eenheid vormt.

Verschillende niveaus

Niveauverschillen in een tuin, hoe klein ook en of ze bewust in het ontwerp zijn aangebracht of natuurlijk zijn, wekken direct interesse. Naar boven klimmen voelt als een overwinning, het bereiken van een doel. Afdalen betekent het onbekende ontdekken, vol mysterie en spanning.

Het creëren van niveaus kan erg eenvoudig zijn. Door een paar palen op een helling te leggen en met compacte aarde treden te maken hebt u in een tuin een even effectieve trap; in een andere tuin is een aantal stenen treden met balustrade toepasselijker. Een rechte stenen trap is geschikt voor formele tuinen; voor een informele tuin kunt u beter nauwe, kronkelende treden gebruiken.

Hier zijn fabriekstegels van een goede kwaliteit gebruikt als basis voor het kleine opstapje van de tuin naar het terras.

Deze brede trap is een van de vele interessante elementen in 'Een grindtuin' (zie blz. 92). Kleine plantjes krijgen de kans de spleten te vullen.

Deze trap, breed boven en nauw onder, trekt het oog naar beneden.

Een eenvoudige maar zeer praktische trap gemaakt met ruwe palen.

De entree van deze huizen wordt gekenmerkt door een elegante trap, compleet met ijzeren reling. De trappen worden van elkaar gescheiden door een aantal planten-bakken.

Waterornamenten

Water is een zeer aantrekkelijk element in elke tuin. Of dit nu in de vorm is van een klein, kabbelend stroompje of een formele of natuurlijke vijver; water trekt altijd de aandacht. Het plaatsen van een waterornament in een grote tuin creëert zelden problemen. In een kleine ruimte zijn uw keuzen echter veel beperkter en zult u goed over de schaal van het geheel moeten nadenken.

Dankzij de verkrijgbaarheid van allerlei soorten elektrische pompen en spuitstukken voor fonteinen, voorgevormde beekjes en vijvers en verschillende maten plasticfolie, zult u zelfs voor de kleinste tuin een geschikt ornament kunnen vinden. Zelfs met een kleine urn als waterornament, met wat omliggende keien en een kleine pomp die water uit een onderliggend reservoir naar boven pompt, verlevendigt u al snel een kleine tuin.

De randen van deze kleine vijver zijn volledig begroeid met vaste planten.

Zelfs in de kleinste tuin is ruimte voor een waterelement. Deze met klimop omgeven vijver en fontein zijn te vinden in 'Een groene stadstuin' (zie blz. 88).

In deze stadstuin is een oase van rust gecreëerd met een formele vijver. De nadruk ligt op de vele groentinten, die een koele en kalme sfeer uitstralen.

Bij deze rotsvijver is veel natuurlijke steen gebruikt, die zorgvuldig in de vorm van een waterval is neergelegd.

Deze niervormige vijver bevat een klein beekje en een waterval. Het stromende water zorgt ervoor dat de vijver helder blijft. Rondom de rand zijn grote platte stenen neergelegd, die aan de overkant overgaan in een rotstuin.

In de lente komt de rotstuin tot leven. Dit is de tijd van het jaar dat veel rotsplantjes zich van hun beste kant laten zien. De compositie van deze rotstuin is zeer effectief, omdat er ruimte is voor een klein stroompje en een kleine fontein.

Deze waterlelies drijven met plezier op
het oppervlak van een oud metalen vat,
dat op de schroothoop werd gevonden.

Deze vijver, een perfecte cirkel, past prima
in het bovenste terras van 'Een tuin op
een helling' (zie blz. 96).

'Een tuin van een tuinarchitect' (zie blz. 78)
bevat deze ronde vijver, waarin een aantal
goudvissen rondzwemmen.

De combinatie van een masker en een
trog resulteert in het prachtige, muzikale
geluid van stromend water.

Deze inspirerende en fascinerende fontein geeft wat koelte op een hete zomerdag. De dompelpomp, in het reservoir onder de molensteen geplaatst, laat het water recyclen.

Een fonteintje in een pot, omgeven door zorgvuldig neergelegde stenen en grotere keien, is een prachtige aanvulling in dit hoekje van deze kleine tuin.

Kleurige borders

Wilt u een veelheid aan kleuren, dan is niets beter dan het beplanten van een bloemenborder, waarin de helderste oranje, gele en rode tinten met elkaar vechten om aandacht. Dit type tuin is niet geschikt voor mensen zonder lef, maar wel voor wie een saaie hoek wil opvrolijken, kleur in de tuin wil en met plezier wil terugdenken aan lange, hete zomerdagen.

U hoeft zich niet alleen te beperken tot de zomer. Winterbloeiende viooltjes bloeien het hele koude seizoen door en kunnen in de lente worden vervangen door een mengsel van eenjarige planten en bloembollen. U kunt probleemloos het grootste deel van het jaar genieten van kleur in uw tuin.

In deze levendige voorjaarsborder zijn onder andere Siberische muurbloemen en rode tulpen geplant.

De eigenaars van deze kleine tuin hebben hier *Calendula*, salvia's en ijzerhard met hun zilveren bladeren geplant.

Dit pad heeft een kleurrijke metamorfose ondergaan. Het pad wordt omzoomd met schokkend rode salvia's, waartussen paarse, roze, witte en rode petunia's zijn geplant. De kleine dwergconiferen zullen in de komende jaren hoogte geven aan de border.

Ondanks dat deze tuin klein is, heeft hij een zeer duidelijk karakter dankzij de goed doordachte beplanting.

Petunia's zijn prachtige steunbloemen en zien er geweldig uit wanneer u verschillende kleurtinten met elkaar mengt.

Een tuin vol vaste planten

Als gevolg van tijdgebrek zien weinig tuinliefhebbers er veel in continu, soms wel twee of drie keer per jaar, hun tuin te moeten aanpassen door het planten van eenjarige, tweejarige of halfvaste planten. Voor hen is een tuin vol vaste planten een goede oplossing, omdat het effect, ondanks dat elk seizoen weer anders is, jaar na jaar hetzelfde blijft.

Bomen, heesters en overblijvende planten vallen allemaal in deze categorie en kunnen, zolang u de juiste keuze maakt, uw tuin het hele jaar lang kleur en interesse geven, terwijl u er weinig onderhoud aan hebt.

Deze hoek in 'Een geheime tuin' (zie blz. 108) laat zien hoe u het onderhoud minimaliseert met vaste planten. Dicht op elkaar geplante zenegroen is een goede bodembedekker en voorkomt onkruidvorming.

De diepe paarse, zilveren en groene tinten in het blad van de planten zetten de toon in dit arrangement.

Dankzij de prachtige gekleurde vaste planten heeft deze volle border een maximale impact.

Deze tuin is grotendeels opgevuld met kleine borders, elk vol met vaste planten. De meeste planten kunnen in de herfst bijna tot op de grond worden teruggesnoeid.

De landelijke tuin

Landelijke tuinen raken nooit uit de mode. Eigenlijk denkt iedereen bij de ideale tuin aan een boerentuin vol met ouderwetse bloemen, zelfgekweekte groenten, een kabbelend beekje en een zonnig grasveld. Het is dan ook geen verrassing dat er zowel in steden als op het platteland zoveel interesse is voor de landelijke tuin.

Een kleine tuin betekent niet dat u dit effect niet ook kunt bereiken. Zelfs in een kleine ruimte kunt u een heerlijk chaotisch gevoel van overdaad creëren. Met de juiste vaste planten, zaailingen, geurige kruiden en misschien een kleine vijver creëert u een tuin die snel een oase van rust wordt in deze hectische wereld.

Zelf gezaaid vingerhoedskruid, *Digitalis purpurea*, gemengd met *Knautia macedonica*. De ronde zaadbollen van de sierui steken af tegen de wolfsmelk.

Deze compositie is in de traditie van de landelijke tuin, waarin bloemen worden gemengd met fruit.

Een sprookjesachtige border vol dieproze tinten met roze diascia, waarbij de bodem wordt bedekt door witte viooltjes, *Viola cornuta alba*. Dit is een moderne en geraffineerde landelijke tuin, die toch nog het originele gevoel uitstraalt.

Kleine stadstuinen

Als u, zoals velen van ons, in een stad of een groter dorp woont, is de kans groot dat u weinig ruimte hebt voor een tuin.

Over het algemeen geldt dat hoe kleiner de ruimte, hoe eenvoudiger het idee moet zijn. Meer van minder werkt goed in de meeste tuinen en vooral in kleine ruimten kunt u zo fascinerende resultaten bereiken. Vorm en structuur zijn net zo belangrijk als kleur, dat voornamelijk seizoensgebonden is en niet altijd even eenvoudig te handhaven is. Groen is als kleur erg belangrijk in een dichtbebouwd gebied en geeft de illusie van het platteland in de stad.

De aantrekkingskracht van deze stedelijke voortuin ligt in het feit dat de beplanting het hele jaar door interessant blijft. Groenblijvende planten, zoals de eleagnus, skimmia en aucuba, zorgen ervoor dat er ook hartje winter nog wat te bekijken valt.

De eenvoudige en rustige charme van dit kleine hofje wordt benadrukt door de dichte beplanting van groenblijvende heesters en klimplanten.

Een ongewone bootvormige border, met als enige kleuren wit en een blauw accent.

Groenblijvers, voornamelijk zilverkleurig en groen, maken de ingang van dit huis extra uitnodigend.

De *Magnolia* 'Leonard Messel' met aan weerszijden geurige choisya zijn de belangrijkste planten in deze eenvoudig te onderhouden, geplaveide tuin.

De keukentuin

Wanneer ruimte echt schaars is, kunt u in een aantal potten een kleine keukentuin creëren. Het is verrassend hoeveel groenten onder deze omstandigheden kunnen worden gekweekt. Ook kruiden doen het goed in bakken en kunnen zelfs op de vensterbank worden gehouden.

Groenten en kruiden hoeven niet ver van de bloementuin te worden neergezet. De meeste hebben zelf ook decoratieve waarde en kunnen zonder probleem tussen heesters en vaste planten worden geplant, waar ze onopvallend kunnen groeien en rijpen. Veel traditionele kruiden worden als vanouds al in gemengde borders gekweekt. Pronkbonen, altijd een favoriet, nemen erg weinig ruimte in beslag als u ze tegen een wigwam achter aan een border laat groeien.

Zelfs de kleinste keukentuin kan zeer productief zijn als u de planten dicht op elkaar zet.

Het pad naar de poort doorkruist een mengeling aan kruiden en vaste bloemen. Bosuitjes, marjolein, tijm, salie en munt zijn voor gebruik vers te plukken.

Deze groentebedden zijn onderverdeeld in kleine blokken door middel van een nauw tegelpad. Elk blok is toegankelijk zonder op de grond te gaan staan. Het is zo gemakkelijk om groente snel te verpoten.

In deze decoratieve kruidentuin worden groenten en kruiden omringd door een nette buxushaag. Alles is toegankelijk via een smal pad, een tegel breed, dat de lijnen van de haag volgt. Elk bed staat vol met verschillende varianten.

Omdat u in zoveel schotels ui gebruikt, is het een goed idee om zelf ui te verbouwen. Dit kleine uienbed bevat ook de zelfzaaiende *Viola labradorica.*
Het blad van de ui is hier omgespit, zodat de uien aan de zon worden blootgesteld. Binnen korte tijd is het blad afgestorven en kunt u de uien afdrogen en bewaren.

Dit kleine slabed zou overal passen. Sla is eenvoudig van zaad op te kweken en is binnen een paar weken klaar voor consumptie. Hier zijn verschillende soorten geplant, zodat u een kleurige en interessante zomersalade kunt maken.

Asperges zijn een absolute luxe. Aspergekroontjes die in de lente zijn uitgezet, vereisen een zonnige locatie en humusrijke, goed gedraineerde grond. U kunt pas gaan oogsten wanneer de planten drie jaar oud zijn. In dit voorbeeld zijn de asperges tussen slaplantjes geplant om de ruimte maximaal te benutten.

Aardappels hoeven niet veel ruimte in te nemen. U kunt achter in een border een paar struiken poten en al snel genieten van uw eigen oogst. Zelfs in een oude emmer, met wat gaten in de bodem, kunt u een aardappelplant zetten.

Wortels, erwten, radijsjes, spinazie, bosuitjes en maïs zijn allemaal erg gemakkelijk te telen, zien er leuk uit en nemen weinig ruimte in beslag. Deze groenten hebben ook als voordeel dat ze relatief snel groeien. Zo nemen ze uw waardevolle grond niet te lang in beslag.

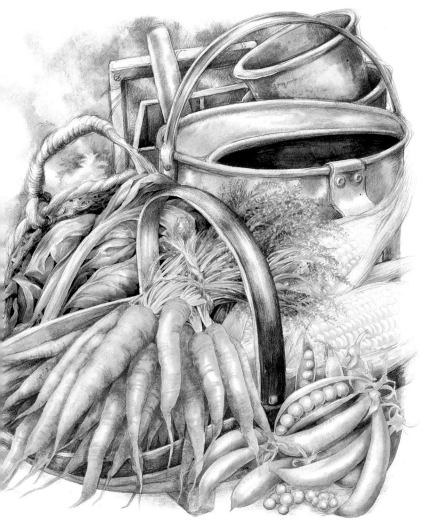

Iedereen kan op deze originele manier courgettes telen. Hier is de plant in een grote pot geplant, met vruchtbare grond en een goede afwatering, die vervolgens in een oude schoorsteenpijp is gezet.

Tomaten kunnen, zoals hier, gemakkelijk in een pot buiten worden gekweekt. Met een stevige stok als steun, een zonnig plekje zodat de vruchten goed kunnen rijpen en voldoende water kunt u binnen afzienbare tijd genieten van een goede oogst. U kunt tomaten ook in speciale zakken met groeimiddel telen. Deze zakken zijn te koop bij de meeste tuincentra.

Dit groentebed is zo klein dat een kruiwagen is gebruikt voor het telen van courgettes.

In elke beschikbaar hoekje, hoe klein ook, is ruimte voor deze terracotta pot met pronkbonen. Zelfs wanneer de ruimte voor de wortels beperkt is, geeft de plant voldoende bloemen en bonen.
Let goed op waar u de pot neerzet en vergeet niet dat de pot erg zwaar kan worden wanneer de grond nat is.

Gembermunt, *Mentha × gentilis*, is gemakkelijk te kweken en is heerlijk in een gemengde salade met olijfolie, azijn en honing.

Een stevige pot, zoals deze terracotta kruidenpot, kan worden geplant met een selectie keukenkruiden, die er niet alleen leuk uitzien, maar die ook heerlijk smaken.
Voorbeelden van geschikte kruiden zijn rozemarijn, peterselie, bieslook, oregano, Franse dragon, wintertijm en salie.

Tuinmunt, heerlijk voor eigengemaakte muntsaus, kan binnen de perken worden gehouden door het kruid in een pot te planten.

Dit kruidentuintje, dat in zijn geheel bestaat uit een reeks potten, neemt erg weinig ruimte in beslag.

Een praktisch voordeel van deze opstelling is dat u, wanneer kruiden doodgaan, de pot eruit kunt halen en kunt beplanten met iets nieuws.

U kunt bijna elke bak of pot gebruiken als kruidentuin, zolang u maar een paar gaten in de bodem boort en een laag scherven onderin legt.

Sinds de introductie van miniatuurbomen is het
steeds eenvoudiger om te genieten van vers geplukt
fruit.

Wanneer u weinig ruimte hebt, kunt u de fruit-
bomen tegen een muur of schutting laten groeien
of in verschillende vormen, als snoer, palmet of
waaier, langs draden geleiden.

Wanneer u slechts ruimte hebt voor één boom,
moet u er wel voor zorgen dat dit een zelfbestui-
vende variant is.

EEN SNOER VORMEN

Knip, de richting van de
tak volgend, alle zijtakken
die langer zijn dan 10 cm
af tot op drie scheuten.
De tak zelf moet niet worden gesnoeid.

Het is tijd om de takken
in de zomer te snoeien
wanneer de scheuten hou-
tig zijn.

Kleine appelboompjes als deze zijn ideaal wanneer u fruit
wilt telen in een kleine tuin. Plant de bomen aan de rand
van een border of langs een pad.

Kort de takken in tot drie
bladeren en zijtakken tot
één blad voorbij de uit-
loop. Kort de hoofdtak in
tot 15 cm boven de boven-
ste draad.

Een palmet vormen

1. Snoei de stam terug tot een goed oog, ongeveer 5 cm boven de eerste draad.

2. Bind in de zomer de tak vast aan een stok, net als twee zijtakken. Kort andere zijtakken in tot op drie bladeren.

Een volwassen appelboom in palmetvorm. De zijtakken moeten in de nazomer worden teruggesnoeid tot op drie bladeren, andere zijtakken tot op één blad.

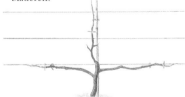

3. Buig in de late herfst de eerste laag terug tot de eerste draad. Snoei de hoofd-tak terug tot op een oog net boven de tweede draad. Kort andere zijtakken in tot op drie scheuten.

4. Geleid in volgende zomers de hoofd- en zijtakken zoals bij punt 2. Snoei andere zijtakken terug tot op drie bladeren. Snoei de hoofdtak in de winter terug.

Kruisbessen hoeven niet alleen in heesters te groeien. In dit fantasierijke voorbeeld worden ze langs kabels geleid die aan de muur zijn bevestigd. In de zon groeien de kruisbessen prima.

Deze kruisbes op stam vormt het middelpunt van een van de secties van deze keukentuin.

Druiven zijn snelle groeiers en nemen gewoonlijk veel ruimte in beslag; zeker meer ruimte dan er is in een kleine tuin. Door ze strikt te geleiden kunt u druiven prima als snoer of palmet langs een prieel, boog of pergola laten groeien.

Een aardbeienpot zorgt ervoor dat fruit niet modderig wordt. De vruchten rijpen prima wanneer u de potten in de volle zon zet en ze genoeg water geeft.

Let op dat aalbessen niet te ver uitlopen; ze vermengen zich graag in een gemengde border.

Verschillende kleine tuinen

De tuinen in dit gedeelte staan
allemaal op zich. Sommige vereisen
veel onderhoud, andere juist weinig;
sommige zijn erg kleurrijk, terwijl
andere meer de nadruk leggen op
vorm en structuur.

Een tuin van een tuinschrijver

De stadstuin van Mirabel Osler, die ongeveer 21 × 9 m groot is, is enorm stijlvol. De hele tuin is gebaseerd op een raamwerk van muren, paden, trapjes, structuren, ongewone bolvormen en strategisch geplaatste potten en zitjes. Dit raamwerk wordt omgeven door weelderige planten, waarbij de nadruk meer ligt op het blad dan op de bloem. Kleuren, behalve allerlei soorten groen, worden met opzet beperkt en beheerst gebruikt.

Alle beschikbare ruimte wordt op een goed doordachte manier gebruikt. Dit is te zien in de manier waarop alle afscheidingen en tuingereedschappen worden verborgen, er ruimte is voor een waterornament en de tuin een paar aparte hofjes bevat, elk met een eigen functie.

Verborgen spiegels weerspiegelen niet alleen het licht, maar geven ook een surrealistisch ruimtelijk gevoel.

Eén enkele stoel vangt de zonnestralen en nodigt uit tot een moment van rust. Hoewel dit echt een stadstuin is, straal hij privacy uit, een gevoel van harmonie met de natuur.

Dit pad van bakstenen en tegels, gekaderd door een eenvoudige maar aantrekkelijke houten poort (zie rechts), fungeert als belangrijkste pad door de tuin en trekt het oog naar de deur in de tegenoverliggende muur, die uitnodigt verder te ontdekken. Dat deze deur niet echt is en nergens heen leidt, geeft aan met hoeveel fantasie deze tuin is ontworpen. Een mooi detail is de manier waarop in het pad een diamantvorm is gemaakt met keien. Dit patroon is in de boventuin omgekeerd.

Een prachtig zitje om in de zomer buiten te eten. De strakke ronde buxusboompjes en de tot lolly's geknipte *Salix caprea* 'Kilmarnock' bieden toegang tot deze buitenkamer. Achter het bankje bevinden zich spiegels die de illusie van ruimte geven.

Een verhoogde border zorgt voor een goede afwatering van deze zonminnende planten, zoals het zonneroosje, die langs de stenen muur naar beneden vallen.

In deze grindtuin is de urn van leisteen het dominante middelpunt. Weer is een spiegel gebruikt om de tuin te weerspiegelen. Een kegelvormige taxus fungeert als ondersteuning voor een klimroos, die er met zijn kronkelende takken voor zorgt dat de taxus zijn vorm behoudt.

Dit kleine waterelement is zo geplaatst dat er in de zomer water uit kan worden gehaald.

Deze mand, voor het verzamelen van uitgebloeide knoppen en ander tuinafval, is zo neergezet dat hij wordt gereflecteerd in de spiegel.

Deze treden leiden naar de valse deur aan het eind van de tuin. De twee urnen dragen bij aan de symmetrie.

Gevangen in de hete zon geven deze potten het idee dat u zich in het Middellandse-Zeegebied bevindt.

Terugkijkend naar het huis wordt de aandacht getrokken door de potten naast de open deur. Alle planten kunnen vrijelijk buiten de borders groeien.

Dit charmante tuinhuisje ligt verborgen in een klein hoekje net naast het pad. Het kijkt direct uit over de grindtuin, waarmee visueel een verband wordt gelegd door middel van kleur.

Verf is erg belangrijk in deze tuin. De buitenkant van dit tuinhuisje is geschilderd in grijsblauw, met accenten in grijsgroen. De bank binnen is een handige opbergruimte en geschilderd in een prachtige kalkblauwe kleur, een kleur die terugkomt in de panelen. De blauwe panelen worden afgewisseld met panelen in licht terracotta.

Tuinen zijn natuurlijk niet alleen plekken om in te werken, maar ook plekken om te genieten.

Een bekroonde kleine tuin

Met een combinatie van kennis en vindingrijkheid zijn deze eigenaars erin geslaagd deze kleurrijke tuin aan de rand van de stad te creëren en te onderhouden.

Wat ongelooflijk en zeer indrukwekkend is, is dat de meerderheid van alle planten door de eigenaars is gekweekt in hun kleine kas die, later in het jaar, ook zelf een interessant element in de tuin wordt.

Begin voorjaar: de kas is net in gebruik genomen. Jonge zaailingen, netjes uitgezet, beginnen wortel te schieten.

Vrolijke narcissen, primula's en geelbloemige forsythia's geven al vroeg in het voorjaar kleur. De koude kassen worden gebruikt voor planten die in het zomerseizoen bloeien (zie rechts).

In de vroege zomer ziet de tuin er heel anders uit. Beide borders en de potten beginnen al te bloeien.

Vergeleken met het voorjaar ziet de kas er nu veel kleuriger uit.

Deze border staat vol met overblijvende planten, zoals de lupine, ridderspoor, clematis, roos, lelie en rode *Lychnis chalcedonica*.

In het midden van de zomer is de tuin een zee van kleuren, die elk vechten om aandacht. Al het harde werk aan het begin van het jaar werpt nu zijn vruchten af.

De kas barst nu bijna uit zijn voegen.

Het is essentieel om planten op verschillende niveaus te zetten om zo het beste effect te creëren.

De zomertuin bevat een veelheid aan planten, zoals deze elegante fuchsia's, die niet winterhard zijn. Bescherming tegen vorst, in een verwarmde kas, is essentieel als u de planten wilt overhouden.

Fuchsia's, wel of niet winterhard, zijn in de meeste zomerborders te vinden.

De kleurrijke bloemen van de begonia resulteren gedurende het seizoen in opvallende kleuren.

De smalle border langs de garagemuur is dicht beplant. Tegen het gras aan staat een rij roze en rode geurgeraniums met hun interessante blad.

Beplanting op en rond het terras bestaat voornamelijk uit roze, witte, violette en paarse bloemen.

Deze kleurige hanging basket fleurt de muur op.

Een familietuin

Het is niet eenvoudig een tuin te creëren die zowel uitnodigend en geschikt is voor kleine kinderen als ordelijk en visueel plezierig is. Dit is echter in deze kleine en stijlvolle tuin achter een Georgian huis fantastisch gelukt.

Voor de tuinliefhebber is dit een charmante bloementuin. De traditionele borders met bomen, heesters en vaste planten worden gecombineerd met een zonnig terras, een lommerrijk hoekje en een paar zitjes.

Het graspad loopt van het huis tot de achtergrens. De lage muur biedt bescherming voor een aantrekkelijke mix van planten.

Dit bankje tussen het vingerhoedskruid is een heerlijke plek om te genieten van alle geluiden, geuren en beelden in de tuin.

Welk kind wil geen echte boomhut? Deze hut, speciaal gebouwd en toegankelijk via een stevige ladder, lijkt zo uit *Peter Pan* te komen.

Dit hoekje in de border (links) geeft een gevoel van overdaad, dankzij planten die iedereen mooi vindt. Ridderspoor, lupine, akelei en vergeet-me-niet staan tussen zonneroos, iris en roos. Dit is een in de stad gecreëerde landelijke tuin, waarin alle planten de ruimte krijgen.

Als contrast met de open borders straalt dit schaduwhoekje een heel andere sfeer uit. De nadruk ligt hier voornamelijk op blad en vorm en minder op kleur. Dit zitje is rustiger; een plek om te ontsnappen aan het zonlicht dat de andere kant van de tuin overspoelt.

Het stenen terras langs het huis komt uit op een bladrijke hoek. Er is veel aandacht besteed aan verschillende heesters, grassen en varens, waarmee een groen tapijt werd gecreëerd.

In de zomer kan op dit terras, dicht bij de keuken, worden gegeten. Aan de muur zijn een aantal decoratieve keramische tegels bevestigd.

Een tuin van een tuinarchitect

Jacquie Gordon, tuinarchitect, werd geconfronteerd met de uitdaging een tuin te ontwerpen in een gebied met veel nieuwe bebouwing. Een van de belangrijkste punten was daarom ook dat de tuin volledig onzichtbaar zou worden voor de buitenwereld, maar toch een open sfeer behield.

Omdat zij een drukke baan heeft, wilde ze het onderhoud graag tot een minimum beperken. Om de tuin te laten passen bij haar drukke leven moesten de meeste planten onderhoudsvrij zijn.

De oude tuin: een lelijke, en zeer in het oog springende, schutting en zicht op de omliggende huizen.

Contrasten in vorm en structuur staan hier centraal. De enorme vlasplant, met zijn grote stekelige bladeren, staat naast een veerbladerige esdoorn.

Het is bijna niet voor te stellen dat dit (rechts) dezelfde tuin is. De tuin is nu volledig beschut en de lelijke schutting is weg; alles is vervangen door een tapijt van planten, zorgvuldig gecombineerd met bestrating en een aantal potten en bakken.

Deze bomen, die een oninteressant uitzicht verbergen, voegen hoogte en diepte
toe aan het einde van de tuin.

Deze verzameling potten, eigenlijk een
tuin op zich, voegen kleur en interesse toe
aan dit hoekje van de tuin.

In geen enkele tuin mag een zitje ontbreken. Hier zijn gewaagde kleuren voor
de verf en de bekleding gebruikt om een
geweldig effect te realiseren.

Een overzicht van de hele tuin. Vanuit een bovenraam is te zien hoe het ontwerp, de structuur en de beplanting in deze intrigerende tuin samenwerken.

De cirkels komen terug in de vijver, de potten en de vorm van de border en steken af tegen de vierkante bestrating, de bamboeschutting en het bankje. De verticale accenten worden benadrukt door de boomstammen, lange vaste planten, waaronder de statige wolfsmelk, en de oude schoorsteenpot, die een tweede leven heeft gekregen als plantenhouder.

Een tuin van een plantenliefhebber

Door een gewone tuin in een buitenwijk van een grotere stad op te splitsen, creëerden de eigenaars met opzet twee afzonderlijke gebieden met zeldzame en mooie planten. Geen van beide delen is groot, maar dit bleek geen probleem te zijn bij het creëren van borders die het hele jaar interessant zijn.

Deze vorm van tuinieren is tijds- en arbeidsintensief. De lentebloembollen worden na de bloei verwijderd, waarna de ruimte wordt ingevuld met ongewone zomerbeplanting. Om ze te laten gedijen moeten de vaste planten regelmatig worden verplant en gescheurd. De bomen en heesters worden regelmatig gesnoeid, zodat ze de borders niet gaan overheersen. Klimplanten worden aangebonden en de juiste richting uit geleid. Dit alles komt boven op de routinematige taken van het verwijderen van uitgebloeide koppen, grasmaaien, onkruid verwijderen en het bemesten en waar nodig bewateren van planten.

Deze prachtig gevormde border wordt overheerst door pasteltinten. De dichte beplanting zorgt er niet alleen voor dat zoveel mogelijk planten kunnen worden gebruikt, maar ook dat ze geen extra ondersteuning nodig hebben.

Deze statige ridderspoor, contrasteert prachtig met de purperen achtergrond van de sierkers. Wanneer u de uitgebloeide bloemen direct verwijdert, hebt u kans dat ze nogmaals zullen bloeien.

Deze parallelle borders zijn speciaal aangepast aan de kleine ruimte. De borders bevatten gelijksoortige, maar niet identieke, beplanting en komen uit bij een uitnodigend prieel, begroeid met kamperfoelie, *Lonicera × americana*, en een geurige roos, *Rosa* 'New Dawn'.

Het tegelpad (links) fungeert als kleurige link tussen de twee tuingedeelten. De potten met margrieten, heerlijk koel en zomers, verbinden de twee helften. Op de voorgrond een halfwinterharde geranium, *Geranium malviflorum*.

Vanuit het zitje kijkt men uit op dit formele arrangement voor een dichte ligus-
terhaag. De geknipte buxus in terracotta
potten bewaken het beeld, gemaakt van
gerecycled materiaal.

Rondom het beeld (rechts) is de rode
distel, *Cirsium rivulare* 'Atropurpureum'
geplant. Deze vaste plant vraagt om een
open, zonnige plek in de tuin en bloeit
weken achter elkaar.

De regen geeft deze doorgang naar de witte tuin een zachte, bijna melancholieke sfeer. Over de boog groeien een *Rosa* 'Albéric Barbier' en een *Rosa* 'Alister Stella Gray' door elkaar.

Het grind, met in het midden een stenen vogelbadje, stimuleert uitzaaiing van omliggende planten en geeft de vrij formele tuin een ontspannen uitstraling.

Een van de kunststukjes in deze tuin is de manier waarop de eigenaars verschillen in richting en sfeer hebben weten te creëren. De gebieden en kleurenschema's lopen geleidelijk in elkaar over.

Een groene tuin

Slechts weinig mensen zijn niet onder de indruk van de charme van deze prachtige, kleine stadstuin. Deze tuin, toegankelijk vanaf de straat via een stenen poort, is een oase van groen, orde, rust en stilte en biedt een groot contrast met alle commotie van het moderne leven buiten de poort.

De omschrijving van deze tuin als groene tuin wil niet zeggen dat alle planten groen zijn. Wat de eigenaars in eerste instantie hebben geprobeerd te bereiken is een achtergrond van bladplanten, gekozen om hun vorm en structuur, waartegen zorgvuldig geselecteerde bloeiende heesters en vaste planten zijn neergezet. Beplanting in een zeer kleine ruimte vereist veel discipline.

Een tuin als deze is niet noodzakelijk gemakkelijk te onderhouden. Er zijn minder bloemen, maar alle vaste planten moeten regelmatig worden gesnoeid en opgebonden om ervoor te zorgen dat de natuur in het gareel blijft.

Het zicht op het huis vanaf de straat (boven): de randen van het pad worden overspoeld door een mengeling van planten. Naast het pad staan een paar groenblijvende *Chamaecyparis lawsoniana* 'Columnaris'.

Het zicht vanaf het huis (rechts). Links een muurtje met kleine klimop, met bovenop een terracotta pot met buxus. Halverwege de entree staat een witte berk, *Betula utilis* var. *jacquemontii*.

Vanuit de serre loopt een pad, geflankeerd door twee prachtige stenen honden, naar een tweede tuin. De manier waarop het pad licht afbuigt, geeft een diepte-effect en voorkomt dat de tuin direct helemaal zichtbaar is. De beplanting is dicht en gevarieerd; alle planten geven deze kleine ruimte meer diepte en intensiteit. Als bodembedekker zijn een paar soorten klimop gebruikt, die ook de stenen randen verzachten.

In deze tuin worden veel verhoogde borders gebruikt. De stenen muurtjes geven diepte en intimiteit aan het lager gelegen pad.

Waar het pad licht buigt richting het pad voor het huis, wordt het oog getrokken door een nieuw rustig en inspirerend beplantingsschema. Hier wordt groen geaccentueerd met wit. Het hoge witte vingerhoedskruid, *Digitalis purpurea albiflora*, combineert prachtig met het Zeeuwse knoopje, *Astrantia major involucrata*.

Een grindtuin

Deze tuin is vanuit het huis bereikbaar via een stenen trap. Omsloten door hoge muren is dit een tuin waar in de zomer de zon lang blijft hangen, zodat er een gunstig microklimaat ontstaat.

De dikke laag grind fungeert als informeel pad door de tuin. In de praktijk reflecteert het grind niet alleen de hitte, maar houdt het ook waardevol vocht vast. Ook zorgt grind voor een goede afwatering voor zonminnende planten.

De beplanting is kleurgecoördineerd. Zachte roze, lila, lavendel en paarse tinten worden geaccentueerd met rood, indigo en geel. Het grijsgroene blad van hittebestendige planten benadrukt het effect. Een steeds wisselende verzameling potten garandeert dat de tuin nooit verveelt.

Prachtige combinaties als deze kunnen worden bereikt door planten te paren. Hier ziet u *Wisteria floribunda* en *Clematis montana* 'Tetrarose'.

De fijne bladeren van *Choisya ternata* 'Aztec Pearl' maken deze Mexicaanse sinaasappelboom extra interessant. De blauwe camassia maakt het geheel af.

Deze prachtige geglazuurde pot bevat een mooie *Aeonium arboreum*.

De *Dierama* gedijt dankzij de goede afwatering van het grind.

93

De *Hippophaë rhamnoïdes*, hier tussen een *Rosa* 'Cerise Bouquet' geplant, moet regelmatig worden gesnoeid.

Grote groepen laagbloeiende roze *Phuopsis stylosa* worden gestimuleerd over de rand van het grind heen te groeien.

Alle cistussoorten houden van zon, zodat het geen verrassing is dat ze in deze tuin staan. *Cistus* 'Elma', hier op de foto, is gekozen om zijn grote, witte blaadjes en gouden stamper.

De bloemen van *Cistus* 'Peggy Sammons' zijn hier gecombineerd met de roze trompet-bloemen van *Penstemon glaber*. Regelmatig verwijderen van uitgebloeide bloemen zorgt ervoor dat ze de hele zomer door bloeien.

Een tuin op een helling

Deze tuin, op deze fantastische plek aan de rand van een grote stad, met uitzicht op een diepe groeve, vraagt door de steile helling om een radicaal ontwerp. Julian Dowle, een internationaal bekende tuinarchitect, besloot samen met de eigenaar een aantal kleine terrassen aan te brengen, met elkaar verbonden door stenen trappen en kronkelende paden. Ook creëerde hij een aantal formele en informele vijvers, met elkaar verbonden via kanaaltjes en overlopen, die het centrale element vormden in deze tuin.

Het resultaat is een tuin, of eigenlijk verschillende tuinen, die het prachtige uitzicht volledig benutten en in harmonie zijn met het omliggende landschap.

Behalve het prachtige uitzicht had deze tuin weinig positieve punten.

De bestrating is klaar en de tuin krijgt langzaam vorm.

Naar boven kijkend richting het huis wordt het duidelijk hoeveel niveaus de tuin heeft. De beplanting moet nog worden toegevoegd.

De rijke beplanting (onder) maskeert de harde randen van de terrassen en geeft de tuin een mysterieus karakter.

Dit niveau wordt gedomineerd door een informele vijver. De dichte beplanting bevat veel waterminnende planten.

Er zijn veel hosta's en schoenlappers-planten geplant, die goed combineren met water

In de beplanting rondom deze vijver zijn verschillende vormen en structuren gebruikt.

Hier kijkt u op ooghoogte naar de vijver. Een bijna magische ervaring.

Dit prieel ligt verborgen in een hoek tussen twee muren op een lager niveau. De zijkanten zijn begroeid met klimplanten.

Water stroomt van een hoger niveau via een geul in dit formele bassin. Het kabbelende water is te horen vanuit het prieel.

De leeuwenkop, onderdeel van een ingenieus watersysteem, spuit water in de formele vijver, terwijl de fontein een opwaartse beweging creëert.

Een formele vijver, compleet met fontein, domineert dit lager gelegen terras.

Weer een ander niveau. Van boven bekeken is te zien dat de beplanting beperkt is, zodat het blad vrij kan bloeien.

Dit rustige terras is een tussenstop voor de laatste trap. Een wat oudere lindeboom geeft schaduw en benadrukt het koele en rustige schema.

De onderste vijver is omzoomd met dichte beplanting. Varens, geitebaard (*Aruncus dioicus*), goudsbloemen, irissen en de bladeren van *Lysichiton camtschatcensis* vechten om de beschikbare ruimte.

Deze stenen poort leidt vanuit de tuin direct naar de groeve.

Het is geen verrassing dat in de laatste tuin dit charmante zomerhuisje te vinden is.

De schaal van de niveaus is van onder gezien indrukwekkend. De nauwgezet ontworpen overgangen en goed gekozen beplanting zorgt ervoor dat de stenen oppervlakken niet gaan overheersen.

Een overzicht van de tuin. Het succes van de tuin ligt in het boude plan, ondersteund door een goede structuur en een overdaad aan beplanting.

Een besloten hofje

Dit kleine hofje tegen de keuken aan wordt omsloten door een hoge beuken-haag. Op de oude tegels zijn potten neergezet, die met seizoensplanten zijn gevuld.

Voor de eigenaars is dit een tuin om zich in te ontspannen, vrienden te ont-vangen en te genieten van een zomerse maaltijd. Weinig onderhoud was belangrijk, maar ook wilde men zich graag omringen met interessante, onge-bruikelijke en aantrekkelijke planten.

Geurige lelies (rechts) zijn een must in de zomer en kunnen goed in een pot worden gekweekt. Rondom de lelies staan fuchsia's, geraniums en een grote ananasplant, met diepgroene bladeren en prachtige bloemen.

Een prachtige combinatie van *Lilium* 'Pink Perfection', fuchsia en fijne nemesia.

Donkere fuchsia's zijn een perfecte achter-grond voor de roze belvormige *Azorina vidalii* in pot.

De prachtige wasachtige bloesems van *Kirengshoma palmata* in een smalle border, waar ze genieten van de halfschaduw. Deze laatbloeiende vaste plant is niet moeilijk te kweken, maar vereist een humusrijke grond die tijdens de bloei vochtig gehouden moet worden.

Dicht bij de keukendeur (links) een mooi voorbeeld van de winterbloeiende *Garrya elliptica*.

De felle roze bloemen van
Camellia 'Anticipation'
worden hier gecombineerd
met de donkere tonen van
de lentebloeiende *Clematis
alpina* 'Ruby'.

Geknipte buxus langs de
border van deze besloten
tuin (rechts). De pluimen
van *Smilacina racemosa*
maken het beeld compleet.

Een geheime tuin

Niets in de aankomst, door de uitgebreide buitenwijken van een industriële stad, doet de bezoeker vermoeden dat zich hier een totaal verborgen en zeer stijlvolle tuin bevindt. Wanneer men door de poort loopt, komt men binnen in een getransformeerde wereld. De grijsheid van de omliggende gebouwen maakt plaats voor een tuin die, hoewel klein, zeer vernuftig is opgedeeld in een aantal buitenkamers.

Het is direct duidelijk dat vorm en structuur belangrijk zijn voor de eigenaars. Er wordt veel taxus gebruikt om de verschillende perken af te bakenen. De buxus is in bollen, spiralen en piramides geknipt of gebruikt als lage haag en geeft de individuele delen een gevoel van eenheid en speelsheid. Gerecyclede bielzen geven de paden en treden extra stevigheid en robuustheid.

Hoewel er bloeiende heesters en vaste planten worden gebruikt, is dit niet echt een bloementuin. Hier wordt vooral gespeeld met symmetrie, proporties, vorm en orde.

Omdat de eigenaars drukke banen hebben, kunnen ze hun tuin niet zoveel aandacht geven als ze zouden willen. De tuin is met het oog hierop ontworpen en ziet er ook na een tijd zonder onderhoud goed uit.

Dit doorkijkje, uitkomend bij een beeld van een schelp, wordt bepaald door de conisch geknipte buxus. De grindpaden binnen de granieten stenen passen bij de algemene strenge stijl.

Deze stevige treden met bielzen zijn op zich al een kunstwerk. Het strenge, mannelijke karakter van deze tuin wordt verzacht door zorgvuldig uitgekozen beplanting.

Dit kruisende pad, dat uitkomt op een groot grasveld, is met opzet smal en creëert zo een ruimtelijk contrast.

Formele structuren en informele beplanting gaan hier hand in hand. In de stenen vazen is huislook geplant.

Deze uiterst theatrale traptreden komen uit bij een mooi beeldhouwwerk met een krachtige uitstraling.

De geknipte buxusbollen demonstreren hoeveel belang de eigenaars van deze tuin hechten aan vorm. Een mooi detail is dat de vorm van de buxus wordt gekopieerd in de knoppen van de sieruien, die nu net hun zaad laten vallen.

Dit fel geverfde bankje, aan alle kanten omgeven door taxus, fungeert als middelpunt aan het eind van dit doorkijkje en als rustpunt in de tuin.

Specifiek kleurgebruik zorgt ervoor dat dit bankje onderdeel gaat vormen van een groter geheel.

Een van de onderliggende sterke punten van deze tuin is de manier waarop van de ene tuin in de andere kan worden gekeken.

Deze buxushaag moet voor maximaal effect regelmatig worden bijgeknipt.

Deze kant van de zilverwitte tuin wordt gedomineerd door een tuinhuis in oude steen.

De vierde ingang, hier gezien vanaf het zomerhuis, maakt gebruik van het sterke perspectief.

Vier treuressen (boven) domineren deze grastuin die, qua sfeer, doet denken aan de schaduwrijke brinken die in Zuid-Frankrijk veel te vinden zijn.

Deze mooie poort (links), die nergens naartoe leidt, maakt deze blinde muur extra interessant.

Voor de deur staat een perkje met buxus (onder).

Hier (boven) is de buxus met de treden mee geknipt, wat voor een mooie strakke rand zorgt.

Spiraalbuxus zoals deze (rechts) vereist veel tijd en geduld, maar geeft uiteindelijk een geweldig effect.

Terugkijkend richting de ingang van de tuin wordt duidelijk hoe dankzij het ontwerp de hele tuin verborgen is. De ingang ligt aan de rechterkant, achter de taxushaag.

115

Een tuin vol potplanten

Hoe ongelooflijk het ook klinkt: deze tuin bestaat helemaal uit planten in potten en plantenbakken. Omdat de eigenaars zich realiseerden dat ze niet genoeg ruimte hadden voor een traditionele tuin, besloten ze hun liefde voor blad en bloemen op een wel heel ingenieuze en individuele manier te uiten.

Deze vorm van tuinieren heeft ook zijn nadelen. De planten moeten regelmatig worden besproeid en ook is goede voeding onontbeerlijk.

Het lijkt alsof deze prachtige volle haag er al jaren staat. Hij is geplant in oude kuipen.

Er is toch ruimte gevonden voor dit ontspannen zithoekje, waarvan de rustige sfeer wordt versterkt door bladplanten.

Maar weinig mensen zouden het voor mogelijk houden om Ierse taxus in pot te kweken. Toch gedijen deze prachtige bomen en zijn ze goed in bedwang te houden.

117

Zomergeraniums brengen het huis tot leven (boven), dankzij hun overvloed aan kleur in de heetste maanden van het jaar.

Zowel de buitengebouwen als de garage zijn begroeid met taxusbomen (links), die een verticaal accent toevoegen aan deze kleine ruimte. Zelfs het dak wordt gebruikt: hier zijn potten met kleine coniferen en klimop neergezet.

Een verbazingwekkende verzameling potten en plantenbakken vormt het centrale gedeelte van de tuin, rechts van de ingang.

Robuuste, oude potten met prachtige buxus die in de tuin als scherm fungeren.

Een mooi neergezette pomp, omgeven door rijke beplanting, allemaal gekozen voor hun structuur en vorm.

Beplanting in een kleine tuin

Beplanting kan een van de grootste problemen zijn in een kleine tuin, maar desondanks is het toch mogelijk grote planten te gebruiken, mits u ze in toom weet te houden. De stijl van uw tuin bepaalt welke planten u kiest.

Bomen: hoogte en interesse

Natuurlijk willen we allemaal bomen kweken. Er zijn maar weinig tuinliefhebbers die niet onder de indruk zijn van een gigantische eik in een prachtig aangelegd park.

Gelukkig zijn er ook veel kleine bomen, zowel bladverliezend als groenblijvend. Door bomen te gebruiken in uw ontwerp voegt u diepte en hoogte toe in een tuin die anders erg plat en oninteressant zou zijn. Wanneer u bomen wilt planten, moet u niet alleen rekening houden met de uiteindelijke hoogte en diameter, maar ook met de vorm, kleur en structuur van de bast, de bloeiperiode, mogelijke vruchten of bessen en het effect van het blad in de herfst.

Acer platanoides **'Drummondii'** Een Noorse esdoorn die opvalt door zijn bonte blad. 6 × 4,5 m

Cornus controversa **'Variegata'** Een zeer langzaam groeiende, maar unieke boom. 4,5 × 4,5 m

Halesia monticola De sneeuwklokjes-boom, bloeiend in de late lente, vereist kalkvrije grond. 4 × 3 m

***Pyrus salicifolia* 'Pendula'** Een sierlijke perenboom met in de lente kleine witte bloemen. 6 × 4,5 m

***Robinia pseudoacacia* 'Frisia'** Deze variant van de valse acacia staat bekend om zijn goudgele blad. 8 × 6 m

***Caragana arborescens* 'Lorbergii'** Deze boom wordt ook wel de erwtenboom genoemd, om zijn erwtachtige bloemen in de lente. 4 × 4 m

***Magnolia* × *loebneri* 'Leonard Messel'**
Magnolia's met lentebloemen zijn een
goede keuze voor een kleine tuin, vooral
op kalkvrije grond. 8 × 6 m

***Laburnum watereri* 'Vossii'** Een boom die
geliefd is om zijn lange gele pluimen in de
vroege zomer.

Het intense blauw van de hemel op een lentedag
benadrukt de puurheid van de sterbloemige *Magnolia
stellata*, die als kleine boom of heester kan worden
gehouden (zie blz. 138).

Malus × schiedeckeri 'Red Jade' Veel soorten sierappel zijn geschikt voor kleine tuinen en bloeien in de lente. 4 × 6 m

Prunus 'Amanogawa' De aantrekkings-kracht van deze Japanse sierkers is de vorm. De boom bloeit in de lente.
6 × 2 m

Tamarix tetrandra Deze soort tamarisk zit in de zomer vol met lichtroze pluimen.
4 × 4 m

Salix caprea **'Kilmarnock'** De Kilmarnockwilg is in de lente bedekt met zilverkleurige katjes. 2 × 2 m

Hier in 'Een tuin van een tuinschrijver' (zie blz. 62) is de Kilmarnockwilg strak gesnoeid.

Salix alba sub. *vitellina* **'Britzensis'** Door in het vroege voorjaar stevig te snoeien blijft deze heesterachtige boom redelijk klein. 3 × 3 m

Hier, midden in de zomer, is te zien hoezeer de 'Britzensis' groeit in één jaar.

Laurus nobilis De laurier is gemakkelijk in een mooie vorm te snoeien. G, 12 × 10 m

Carpinus betulus De gewone beuk kan in toom worden gehouden door deze in een vorm te snoeien. 12 × 8 m

Euonymus fortunei Deze groenblijvende kardinaalshoed is op stam gesnoeid. 5 × 5 m

Acer palmatum var. dissectum Het blad van deze esdoorn wordt in de loop van het jaar felrood. 1,5 × 2,4 m

Amelanchier lamarckii In de lente steken de jonge koperkleurige bladeren af tegen de witte bloemen. 4,5 × 4,5 m

Acer palmatum atropurpureum De bronskleurige bladeren worden in de herfst rood. 4,5 × 4,5 m

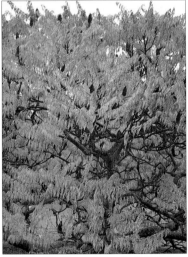

Rhus typhina De prachtige herfstkleuren zijn een van de kenmerken van de fluweelboom. 3 × 3 m

Sorbus vilmorinii De gracieuze boom heeft twee aantrekkelijke kenmerken: de gevlamde bladeren in de herfst en de decoratieve roze bessen. 5 × 5 m

Clerodendrum trichotomum Een opvallende kleine boom met stervormige witte bloemen in de nazomer. 4 × 4 m

Acer griseum Deze esdoorn met papierachtige schors doet zijn naam eer aan. 8 × 6 m

Kleine, langzaam groeiende coniferen voegen het hele jaar door interesse toe aan de tuin en vragen weinig onderhoud.

Een Ierse taxus, *Taxus baccata* 'Fastigiata', als gastheer voor een klimroos. De taxus wordt maximaal 4,5 m hoog.

Abies balsamea f. *hudsonia* Deze zeer kleine conifeer is geschikt voor een rots–tuin. G, 1 × 1 m

Chamaecyparis lawsoniana **'Minima Aurea'** In dit plantenbed zorgt deze conifeer voor hoogte. G, 1.2 × 1,2 m

***Juniperus communis* 'Compressa'** Wilt u
een echt klein boompje, kies dan deze
conische jeneverbes. G, 75 × 15 cm

***Juniperus sabina* 'Tamariscifolia'** Deze
jeneverbes is ideaal als bodembedekker.
G, 1 × 2 m

***Picea* var. *albertiana* 'Conica'** Deze
kleine spar wordt gekenmerkt door de
lichte, verse bladpunten. G, 2 × 1 m

***Thuja orientalis* 'Aurea Nana'**
De perfecte boom voor een rotstuin.
G, 1 m × 75 cm

Heesters: structuur in de border

Borders die volledig zijn opgebouwd uit eenjarige en vaste planten hebben de neiging er plat en oninteressant uit te zien zodra het bloeiseizoen voorbij is. Dit is vooral het geval in de late herfst of aan het begin van de lente, wanneer de oude stengels tot op de bodem zijn teruggesnoeid en de grond kaal is.

Door gemengde borders te creëren, met zowel heesters als overblijvende planten, krijgt een tuin meer balans en structuur. Gelukkig zijn er veel zeer aantrekkelijke heesters die, op basis van hun langzame groei en geringe hoogte, geschikt zijn voor kleine tuinen. Kies een heester met een interessant blad, soms bont, soms wintergroen, of met een kleur, geur, vruchten of herfstkleuren. Grotere heesters, die ook onmisbaar zijn in een tuin, kunnen over het algemeen goed worden teruggesnoeid, zodat ze uw tuin niet gaan overheersen.

Natuurlijk hoeven heesters niet per se in de border te worden geplaatst. Ze zijn ook geschikt om in een pot te zetten en gedijen zolang ze niet te droog staan, regelmatig voeding krijgen en u ze elk jaar verpot.

Chaenomeles 'Pink Lady'
Rode bloemen in de lente.
3 × 3 m

Ribes speciosum Heeft lange gebogen takken met dieprode funchsia-achtige bloemen in de late lente en vroege zomer. 2 × 2 m

***Pieris forrestii* 'Forest Flame'** De helderrode scheuten staan voor de nieuwe bladeren bij deze langzaam groeiende, wintergroene heester. ◑,G, 2 × 4 m

Forsythia × intermedia
Deze eenvoudig te kweken
lenteheester is nog steeds
populair, niet in het minst
om de vroege kleurexplosie.
3 × 2 m

Berberis darwinii De gouden bloemen in de lente veran-
deren in de herfst in paarse bessen. G, 4 × 4 m

***Helianthemum* 'Golden
Queen'** Alle zonneroosjes
bloeien gedurende een
lange tijd. G, 30 cm × 1 m

Lupinus arboreus Deze boomlupine bloeit de hele vroege
zomer. Half-G, 1,5 × 1,5 m

Philadelphus coronarius 'Aureus' Voornamelijk geteeld om zijn warmgele blad is deze jasmijn zeer geschikt voor een kleine tuin. Zet de plant niet in het felle zonlicht, omdat dan de nieuwe bladeren kunnen verschroeien. 2 × 2 m

Azara lanceolata De zeer galante bloemen in de lente steken af tegen de lange, glimmende, groene bladeren. G, 2 × 2 m

Fothergilla major Zoetgeurende bloemen in het voorjaar worden opgevolgd door een levendige kleur in de herfst. 3 × 3 m

Potentilla fruticosa Dwergheester die de hele zomer doorbloeit. 1,2 × 1,2 m

Daphne × burkwoodii Geniet de eerste helft van het jaar van dit geurende peperboompje, waarvan de geur de hele tuin kan vullen. 1,2 × 1,2 m

Buddleja crispa Niet helemaal winterhard; heeft een warme, beschermde plek nodig. Bloeit in de nazomer. ○, 2,4 × 2,4 m

Syringa × persica Een kleine variant van de sering. Licht terugsnoeien wanneer de eerste bloemen zijn uitgebloeid. 2 × 2 m

Weigela florida **'Variegata'** De massa roze bloempjes komt in de vroege lente uit. Alle weigela's prefereren een zonnige plek in de tuin. ○, 1,5 × 1,5 m

Lonicera tatarica In de late lente geeft deze heesterachtige kamperfoelie kluster-vormige bloemen. 1,2 × 1,2 m

Prunus tenella **'Firehill'** Door de suiker-spinachtige bloemen een ideale heester in een lenteborder. ○, 2 × 2 m

Chaenomeles speciosa 'Nivalis' Deze sierkwee produceert de hele lente lang roomwitte bloemen. 2,4 × 5 m

Viburnum plicatum Een perfecte heester die in de late lente veel bloemen geeft. 3 × 4 m

Magnolia stellata In het vroege voorjaar komen er stervormige bloemen aan de kale takken. Groeit zeer langzaam. 3 × 4 m

Exochorda × macrantha 'The Bride' Een in de lente zeer bloemrijke heester die ideaal is als gastheer voor klimplanten. ◑, 2,4 × 3 m

Viburnum × ***juddii*** Diep geurende bloemen in het voorjaar. Groeit het best op goed gedraineerde grond. 1,5 × 1,5 m

Spiraea nipponica **'Snowmound'** Deze gemakkelijke heester draagt in de vroege zomer veel zuiverwitte bloemen. 2,4 × 2,4 m

Choisya **'Aztec Pearl'** Een andere variant van de Mexicaanse sinaasappelboom, een leuke verandering van de *C. ternata*. G, 2 × 2 m

Rhododendron **Hybrid 'Bric-à-Brac'** Deze heester bloeit soms al in de late zomer, maar is gevoelig voor vorst. G, 1,5 × 1,5 m

De roos: de koningin van de heesters

Gelukkig is er geen enkele reden waarom een kleine tuin geen rozenplant kan hebben. Van ouderwetse roos tot miniroos: voor elke situatie is er wel een geschikt type.

'Iceberg' Een weelderig bloeiende roos met ideale kwaliteiten. Geschikt voor een gemengde border. Bloeit maandenlang. 1,2 × 1,2 m

'Yvonne Rabier' Een kleine trosroos. 1,2 × 1 m

'Little White Pet' Klein genoeg om in een pot te zetten. 60 × 60 cm

'Gentle Touch' Dit is echt een miniroosje. 45 cm

Rozen op stam zijn één oplossing bij
ruimtegebrek. In deze situatie bloeien
de zijdeachtige bloemen van de klassiek
gevormde 'Royal William' boven een
bed van *Hedera canariensis*. De snelgroeiende halfwinterharde klimop is
een ideale bodembedekker voor de
dieprode rozen.

'Jacques Cartier' Compacte, herhalend bloeiende Damascusroos. 1,2 × 1 m

'The Fairy' Prachtige en delicate zachtroze rozetten. 60 cm × 1 m

'Cécile Brunner' Zoetgeurende bloemen in de vorm van een hybride minitheeroos. 1 m × 60 cm

'Heritage' Een van de vele recente aanwinsten die gezamenlijk bekendstaan als Engelse rozen. Ze combineren een herhaalde bloem met robuustheid en compacte bloei. 1,2 × 1,2 m

'Amber Queen' Een grote volle knop met een zoete geur. 60 × 60 cm

'The Pilgrim' De zacht-gele rozetten van deze vrijelijk bloeiende Engelse roos. 1,1 × 1 m

'Symphony' Vergelijkbaar in grootte en eigenschap met 'The Pilgrim'; draagt verschillende geurende bloemen. 1 × 1 m

'Mountbatten' Een zeer goede borderroos met donker blad en felle dubbele bloemen. 1,2 × 1 m

ANDERE GESCHIKTE ROZEN
'Agnes'
'Alfred de Dalmas'
'De Meaux'
'Fimbriata'
'Hermosa'
'La Ville de Bruxelles'
'Léda'
'Mundi'
'Nathalie Nypels'
'Old Blush China'
R. pimpinellifolia
'Pink Bells'
'Pretty Polly'
'Simba'
'Souvenir de la Malmaison'
'Stanwell Perpetual'

Klimplanten: altijd haantje-de-voorste

Dat klimplanten klimmen, en dus op de grond weinig ruimte in beslag nemen, maakt ze zeer geschikt voor kleine tuinen, waar ruimte schaars is. Niet alleen dat; ze zijn verkrijgbaar in elke gewenste vorm, soort, bloemkleur en bladvorm en maken zelfs het moeilijkste hoekje gezellig en interessant.

Met klimplanten, vooral de groenblijvende soorten, kunt u onder meer lelijke muren, gereedschapskasten en schuttingen wegwerken of het oog naar een beter aandachtspunt trekken. Door ze te laten leiden door gastplanten, zoals bomen en heesters, kunnen klimplanten een secundaire kleurenzweem aan uw tuin toevoegen.

Clematis macropetala **'Markham's Pink'**
Deze clematis draag in het vroege voorjaar
veel suikerroze bloemen. 1,8 m

Clematis alpina **'Frances Rivis'** (rechts)
is ook een vroege bloeier. 1,8 m

Clematis alpina **'Ruby'** Plant deze charmante lentebloeier op en zonnig plekje om te genieten van de intense paarsrode bloemen. 1,8 m

Clematis alpina **'Willy'** Deze langzaam groeiende voorjaarsclematis is ook geschikt om in een pot te zetten. 1,8 m

Clematis macropetala **'Maidwell Hall'** Deze soort clematis geeft in het voorjaar de mooiste bloemen. 1,8 m

Clematis montana **'Elizabeth'** Een prachtige bloem in het voorjaar, maar niet echt geschikt voor een kleine tuin. 6 m

Clematis chrysocoma Vergelijkbaar met de montana, maar groeit minder uitbundig. 6 m

Clematis **'Nelly Moser'** Zet deze clematis in de halfschaduw om te voorkomen dat de roze-paarse bloemen in het directe zonlicht vervagen. De bloem bloeit opnieuw in de nazomer. 3 m

Clematis **'Lady North-cliffe'** Zelden zonder bloem van mid- tot nazomer. 1,8 m

Clematis **'Étoile de Malicorne'** Deze clematis groeit hier onder in een taxushaag. Bloeit vroeg in de zomer. 1,8 m

Clematis **'Mrs. Cholmondeley'** Snelgroeiende hybride die in het voorjaar kan worden teruggesnoeid. Bloeit vanaf mei. 6 m

Clematis 'Kathleen Wheeler' De witte roos is een perfecte achtergrond voor de bloemen van deze volle klimmer.

Clematis 'Elsa Späth' Een overdaad aan bloemen in de zomer wordt gevolgd door een tweede latere bloei. 1,8 m

Clematis 'Barbara Dibley' De rustige groei van deze prachtige paarsrode hybride maakt deze clematis geschikt voor veel typen tuinen. Bloeit vroeg in de zomer. 1,8 m

***Clematis* 'Niobe'** Om zoveel mogelijk bloemen te krijgen, snoeit u de 'Niobe' alleen aan het begin van het jaar licht terug. Te veel snoeien vertraagt de bloei tot de nazomer. 2,4 m

Rechts ziet u drie zeer aantrekkelijke typen clematis, die vanaf de midzomer de tuin vullen met kleur.
De eerste bloeier is *C.* × *jackmanii*, bij iedereen welbekend. Door de sterke kleur en betrouwbare bloei is dit een zeer populaire keuze.
De laatbloeiende viticella-hybriden behoren zonder twijfel tot de mooiste clematissen. Hier ziet u 'Madame Julia Correvon', dieprood, en 'Purpurea Plena Elegans', waarvan de dubbele rozepaarse bloemen echt prachtig zijn.

Wisteria floribunda Deze is met succes langs een paal geleid. Bloeit vroeg in de zomer. ○, 9 m

***Wisteria floribunda* 'Alba'** In de zomer lange witte pluimen. In de winter en zomer snoeien. ○, 9 m

Lonicera etrusca Helaas is deze prachtige crèmegele kamperfoelie niet echt winterhard. Bloeit in de zomer/herfst. ○, 4 m

***Lonicera japonica* 'Halliana'** Een snelgroeiende groenblijvende klimmer. Heeft geurende bloemen in de zomer. G, 4 m

Hydrangea anomala petiolaris Deze langzaam ontwikkelende, zelfklimmende klimhortensia is een prachtige klimplant en produceert in de zomer grote crèmewitte bloemen, ook in de schaduw. 8 m

Actinidia kolomikta De ongewone bladtekening onderscheidt deze langzaam groeiende klimplant. In de zon krijgt het blad de mooiste tekening. 3,5 m

Klimrozen

Rozen zijn in de vroege zomer het mooist, wanneer ze iedereen verbluffen met hun geurende en kleurige bloemen.

In kleine tuinen is het niet altijd mogelijk ouderwetse rozen te planten, omdat ze vrij veel ruimte nodig hebben om goed te groeien. Een eenvoudige oplossing is het gebruik van klimrozen.

Wees wel voorzichtig met uw keuze. Wilde rozen groeien vaak te snel en ook klimrozen kunnen te ver buiten de hun toegewezen ruimte reiken. Kies herhalend bloeiende rozen, zodat u langer kunt genieten van de kleurenpracht.

Rosa 'Blush Noisette' Deze mooie bloemen, licht geurend, bloeien de hele zomer lang. 2,2 m

Rosa 'Golden Showers' Deze klimmer draagt ook in de schaduw verschillende keren bloemen. 3 m

Rosa 'Climbing Iceberg' De klimvariant bloeit gedurende een lange periode. 3 m

Rosa 'Variegata di Bologna' Deze roos bloeit soms twee keer, maar compenseert dit door de ongewone tekening. 3 m

Rosa 'Buff Beauty' Deze heerlijk geurende roos kan gemakkelijk als klimplant worden geleid. 3 m

Leiheesters

In een kleine tuin, waar elke plant zijn plek moet verdienen, zult u moeten experimenteren. Onthoud dat u in een besloten ruimte een warm microklimaat kunt creëren, waar veel planten die anders niet in een tuin gehouden kunnen worden, gedijen.

Dichte beplanting geeft ook bescherming tegen slecht weer, maar u kunt bij strenge vorst ook stro, jute of ander poreus materiaal onder aan de heester leggen.

Abutilon megapotamicum Tegen een zonnige muur geeft deze heester aan het eind van de zomer veel felle roodgele bloemen. G, 2,4 m

Carpenteria californica Het groenblijvende blad van deze glimmende, heldergroene variant fungeert als achtergrond voor de prachtige, geurende bloemen die de hele zomer bloeien. 1,5 × 1,5 m

Rhodochiton atrosanguineus Deze exotische klimplant kan in koude gebieden als eenjarige plant worden gekweekt. ◯, 3 m

Robinia kelseyi De bloemen in het late voorjaar zijn zeer indrukwekkend. ◯ 2,4 m

Passiflora caerulea Bloeit in
de zomer en herfst, daarna
kleine vruchten. ○, 6 m

Lavatera maritima bicolor De vrijelijk bloeiende lavatera
moet in het vroege voorjaar fors worden teruggesnoeid.
1,5 m

Eccremocarpus scaber
Oranje en rode trompet-
bloemen in de zomer.
○, 4 m

Ceanothus 'Blue Mound'
Een uitbundige blauwe
heester voor de vroege
zomer die ook een goede
gastheer is voor klimplanten.
○, G, 1,5 m

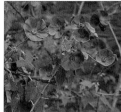

Abutilon* × *suntense Bloemen in het late voorjaar en de vroege zomer. ◯, 2,4 m

× *Fatshedera lizei* De grote bladeren zijn een ideale achtergrond. G, 2 × 3 m

***Solanum crispum* 'Glasnevin'** Draagt de hele zomer veel bloemen. Vorstbestendig tot −5 °C. ◯, G, halfwinterhard, 6 m

Callistemon pallidus
De bloemen van de lampepoetser zijn in de vroege zomer echt prachtig. Vereist zure grond, goede afwatering en volle zon. G, 3 m

Vaste planten: bloemen voor elk seizoen

Bij tuinieren, op welke schaal ook, zijn vaste planten onmisbaar. Niet alleen is er een veelheid aan bloeiende planten, ook zijn er moderne grassen, zegge en varens. Sommige planten worden te snel te groot of zaaien zich te snel uit, en zijn dus ongeschikt. Andere hebben een korte bloei of bloeien slechts na veel moeite en kunnen beter worden vervangen door planten die hun ruimte meer waard zijn. En dan is de keuze nog eindeloos.

Wees echter niet te beschroomd. Een tuin vol vaste planten van dezelfde hoogte en diameter is totaal niet interessant. Sommige planten zijn alleen al de moeite waard omdat ze juist in een kleine ruimte een grote impact hebben. Zet eens een grote vaste plant vooraan in een border om een gevarieerd patroon te creëren.

Epimedium × youngianum 'Roseum'
Roze bloemen die in de lente uitspruiten vanaf de basis van het blad. 25 × 30 cm

Primula vulgaris Een koele, schaduwrijke plek is ideaal voor de vroegbloeiende primula. 10 cm

Convallaria majalis Zeer gemakkelijk te groeien. Bloemen gaan in de lente open.
◑, ●, 20 cm

***Lamium maculatum* 'White Nancy'**
Fleur een donker hoekje op met deze uitbundige dovenetel. 15 × 60 cm

***Dicentra* 'Bacchanal'** De dieprode bloemen bloeien het hele voorjaar uitbundig. 30 × 30 cm

Primula denticulata* var. *alba Witte, ronde bloemkoppen aan het begin van het jaar. ◑, 20 × 30 cm

Uvularia grandiflora Het huigkruid is alleen al om de vorm de moeite waard en biedt zeker wat variatie in de lente. Prefereert een vochtige, licht zure grond met wat schaduw. ○, 30 × 30 cm

***Ajuga reptans* 'Catlin's Giant'** In het voorjaar verschijnen grote blauwe bloempluimen op deze variant van het zenegroen. G, 15 × 60 cm

Galium odoratum De witte stervormige bloemen komen in de lente tevoorschijn en bloeien langdurig. 20 × 30 cm

Iris graminea Paarsgetinte bloem die in het late voorjaar tevoorschijn komt uit het blad. ◑, 30 × 30 cm

Sedum **'Ruby Glow'** Voor kleur aan het eind van het jaar, wanneer de rode bloemen zich manifesteren. ◯, 30 × 30 cm

Campanula punctata **'Rubriflora'** Lichtroze belvormige trompetbloemen geven in de zomer wekenlang kleur. 30 × 30 cm

Phlox carolina 'Bill Baker' Het weghalen van dode bloemen zorgt ervoor dat deze flox in de vroege zomer wekenlang bloeit. 30 × 30 cm

Phlox divaricata 'May Breeze' Een vroegbloeiende flox in koelwit met een vleugje lila. 30 × 20 cm

Dianthus gratianopolitanus Al deze ouderwetse roze anjers houden van de volle zon. Bloeit in de zomer, O, G, 20 × 45 cm

Geranium renardii Een aantrekkelijke, paarsige bloem die in de vroege zomer wordt gecomplementeerd door het grijsgroene blad. ◑, 30 × 30 cm

Geranium endressii Mooie roze bloemen die in de zomer wekenlang bloeien. 60 × 60 cm

Geranium pratense 'Mrs. Kendall Clark' In de zomer is de kleur van deze ooievaarsbek zeer aantrekkelijk. 75 × 45 cm

Geranium cinereum 'Ballerina' Bloeit lang in de zomer. 20 × 30 cm

Helleborus orientalis Vroegbloeiende
kerstroos, een van de populairste voorjaarsbloemen. ◑, 45 × 45 cm

Eryngium variifolium Distels voegen in
de late zomer structuur toe aan de border.
○, 45 × 25 cm

Persicaria campanulata Deze robuuste
vaste plant geeft kleur tot aan de eerste
nachtvorst. 1 × 1 m

Euphorbia nicaeensis Door het blad een
absoluut spectaculaire plant. ○, G,
40 × 60 cm

Het combineren van planten is in een kleine tuin erg belangrijk. Hier staan bloeiende grijsbladerige hosta's naast de pluimen van witte en koraalkleurige spirea's.

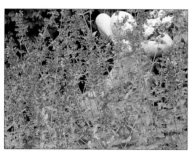

Nepeta **'Six Hills Giant'** Direct na het bloeiseizoen snoeien, zodat ze nog een keer opkomen. ○, 60 × 60 cm

Polemonium reptans **'Lambrook Mauve'** Deze jacobsladder geeft in de zomer prachtige bloemen. 60 × 60 cm

Scabiosa caucasica Prachtige violetblauwe blauwe knoop is in de zomer oogverblindend. ○, 60 × 60 cm

Salvia sclarea* var. *turkestanica In de zomer komen de zelfzaaiende plantjes op, die de volgende zomer bloeien. 75 × 30 cm

Iris pallida* ssp. *pallida Het planten van irissen geeft in de vroege zomer echt structuur en vorm aan uw border. Plant liever één variant in plaats van kleuren te mengen. ○, 45 × 30 cm

Knautia macedonica De wijnrode, knoop-
achtige beemdkroon is hier gecombineerd
met de lavendelblauwe zomerbloeier ereprijs. 45 × 45 cm

***Salvia* × *superba* 'Mainacht'** De rechte
pluimen met violetblauwe bloemen
bloeien tot in de late nazomer. 45 × 45 cm

***Aquilegia* hybride** Langsporige akelei
zaait zichzelf uit en geeft de tuin in de
lente en de zomer volume. 1 m × 45 cm

Thalictrum aquilegifolium Gebruik deze zachte akeleiruit om in de zomer een sfeer van lichtheid te creëren. 75 × 60 cm

Paeonia lactiflora 'Bowl of Beauty' Pioenrozen zijn de hele zomer te bewonderen om hun prachtige, soms wat slonzige bloemen. 1 × 1 m

Papaver orientale Het dode blad van deze vroege zomerbloeier moet worden verborgen. 1 m × 60 cm

Diascia vigilis Alle diascia's zorgen gedurende de zomer langdurig voor een sterk kleuraccent. 45 × 45 cm

***Alstroemeria* 'Ligtu Hybrids'** De zomer-
bloemen van de Incalelie hebben iets exo-
tisch. ○, 60 × 30 cm

Lychnis chalcedonica De lang bloeiende,
rode bloemhoofden geven uw zomerborder al vroeg kleur. 1 m × 45 cm

***Penstemon* 'Apple Blossom'** De schild-
padbloem is ideaal voor in de border, ook
omdat hij in de zomer lang bloeit.
○, 60 × 45 cm

***Crocosmia* 'Vulcan'** Montbretia's zijn
vanaf de midzomer handige planten in
borders. 1 m × 30 cm

Smilacina racemosa produceert in de late lente in de schaduw prachtige bloempluimen. 75 × 75 cm

Polygonatum × hybridum Salomonszegel heeft lange boogvormige takken waaraan in het late voorjaar belvormige bloemen komen. 1 m × 45 cm

Sisyrinchium striatum In de zomer krijgt deze irisachtige plant aparte crèmekleurige bloempjes. 60 × 30 cm

Lysimachia clethroides Combineert zeer goed met andere witte, blauwe of lichtgele bloemen. Bloeit laat in de zomer. 1 m × 30 cm

Dictamnus albus purpureus Een tere, vroege zomercombinatie van een lichtpaarse vuurwerkplant tegen de sneeuwwitte bloemen van *Rosa* 'Iceberg'. 60 × 60 cm

Gillenia trifoliata Deze bloem is in de zomer een charmante vulplant tussen beter opvallende bloemen. 1 m × 60 cm

Stachys macrantha Opvallende paarsige zomerbloem, hier gecombineerd met het eenjarige witte juffertje-in-het-groen. 45 × 45 cm

Kniphofia **'Little Maid'** De crèmegele en groene pluimen zijn zeer subtiel in een rustig zomerschema. 60 × 45 cm

Asphodeline lutea Gele, sterachtige zomer-bloemen op een hoge, dunbladige stengel. 1 m × 60 cm

Veronica gentianoides **'Tissington White'** Plaats aan de rand van een border een rij van deze blauwwitte ereprijs. Het blad is groenblijvend; de bloemen verschijnen vanaf begin voorjaar. ○, 25 × 20 cm

***Anthemis tinctoria* 'Alba'** Haal de dode bloemen uit deze vaste plant om in de zomer nog eens van de crèmekleurige bloemen te genieten. ○, 75 × 75 cm

Inula barbata Deze heldergele alant bloeit tot ver in de herfst. ○, 60 × 45 cm

***Rudbeckia fulgida* 'Goldsturm'** Deze in de late zomer weelderig groeiende vaste plant bloeit maandenlang. In deze border is de bloem gecombineerd met gele *Helenium* 'Golden Youth'. ○, 75 × 45 cm

175

***Aster* × *frikartii* 'Mönch'** Dit is door de lange bloeiperiode een van de beste astersoorten. De aster fungeert hier als achtergrond voor de vaste plant *Agastache* 'Blue Fortune'. ◯, 75 × 45 cm

***Hemerocallis* 'Summer Wine'** De fluweelzachte, achterovergeslagen bloemhoofden zijn de hele zomer aanwezig. 1 × 1 m

***Phlox* 'Norah Leigh'** De charme van deze zomerbloeiende flox is niet de bloem, maar juist het blad. ◯, 75 × 60 cm

In de aanloop naar de herfst komen er steeds meer
kegelvormige bloemen. Hier ziet u *Echinacea purpurea* en
E. purpurea 'White Swan'. 75 × 45 cm

Campanula lactiflora Het celtisbladklokje kunt u het beste achter in een zomerborder zetten. 1,2 m × 60 cm

***Aconitum carmichaelii* 'Barker's Variety'** De laatbloeiende monnikskap is een giftige en mysterieus uitziende plant. 1,5 m × 30 cm

Campanula latifolia alba Zet deze plant in de schaduw voor de meeste kleurintensiteit. Bloeit in de zomer. 1,2 m × 30 cm

***Phlox paniculata* 'Fujiyama'** De grote bloementrossen in de nazomer geven een heerlijke geur af. ◐, 1 m × 75 cm

Crambe cordifolia Een plant als deze, met zijn prachtige, geurende zomerbloemen, is onweerstaanbaar. ◯, 2 × 1,2 m

Alcea rugosa Deze grote, overblijvende stokroos geeft de tuin in de zomer en vroege herfst hoogte en vorm. 2 m × 45 cm

Cephalaria gigantea Dankzij de dunne stengels kan deze plant vooraan in een zomerborder worden geplaatst. 2 m × 45 cm

***Verbascum chaixii* 'Album'** De statige toorts kan eenvoudigweg niet in de tuin ontbreken. Bloeit in de zomer. 1,5 m × 45 cm

Lobelia syphilitica Helaas is deze lobelia niet winterhard, behalve in een zeer beschutte tuin. Bloeit in de late zomer en herfst. 1,2 m × 30 cm

Delphinium Eigenlijk zou deze traditionele en geliefde zomerplant in geen enkele tuin mogen ontbreken. U kunt kiezen uit een groot aantal grootbloemige hybriden. ◯, 2,4 × 1 m, afhankelijk van het type

Aster novi-belgii 'Goliath' Vrijelijk bloeiende asters, die uw border tot in de herfst kleur geven. ◯, 1,2 m × 45 cm

Anemone × hybrida Japanse anemonen zijn aan het eind van het jaar een prachtig gezicht. 1,5 m × 45 cm

181

Eenjarige, tweejarige en semi-winterharde planten: snel resultaat

Voor kleur gedurende het hele seizoen kunt u het beste eenjarige planten gebruiken. Deze planten, gewoonlijk gekweekt van zaad, bloeien al na korte tijd.

Er is wel een plant te vinden voor elke smaak en elke tuin. Voor directe impact kunt u salvia's, *Salvia splendens*, goudsbloemen en afrikaantjes, kleurige petunia's, blauwe en paarse lobelia's en vrolijke impatiens planten. Voor geur plaatst u de ouderwetse violier, surfinia, nemesia en natuurlijk de geurige nicotiana, de tabaksplant, met zijn krachtige parfum. Wilt u een exotische sfeer creëren, dan zijn er lotusplanten, halfwinterharde Spaanse margrieten, tere struikmargrieten en prachtige gazania's. Voor een rustige, ontspannen tuin kunt u de vroege witte juffertjes-in-het-groen proberen, gevolgd door de laat bloeiende witte cosmos.

Helianthus Zonnebloemen zijn ontzettend leuk. Laat ze achter in een border omhoog schieten. ○, 2,2 m of hoger

Helichrysum Deze kleurige strobloemen kunnen ook goed worden gedroogd. ○, 60 × 30 cm

Clarkia elegans De clarkia resulteert in de vroege zomer in een groots kleurfestijn. ○, 60 × 30 cm

Digitalis purpurea Het traditionele, tweejarige vingerhoedskruid blijft een van de grote favorieten in een zomerborder. ◑, 1,2 m × 30 cm

***Argyranthemum* 'Vancouver'** De tere struikmargriet is een goede keuze voor in een pot. ○, 1 × 1 m

Cosmos Eenjarige cosmos resulteert steeds weer in lange, weelderige bloemen. 1 m × 60 cm

Arctotis × _hybrida_ 'Wine' In koude streken behandelen als eenjarige plant. Bloeit van de zomer tot de herfst. ◯, 45 × 30 cm

Felicia amelloides Deze helderblauwe bloemen met geel hart sprankelen de hele zomer door. ◯, 45 × 30 cm

Lavatera trimestris Een vrijelijk bloeiende, halfwinterharde eenjarige plant, die lijkt op de stokroos. ◯, 60 × 30 cm

Pelargonium Er zijn enorm veel variaties zomergeraniums. ◯, 45 cm

Geen enkele tuin is compleet zonder de kleine, zoetgeurende William, of *Dianthus barbatus*. Deze
betrouwbare tweejarige plant kan zichzelf
uitzaaien en opnieuw opkomen.
Deze anjer is prachtig in een
zomerborder, maar staat
binnen ook zeer mooi
in een vaas.

Nicotiana Tabaksplanten met zalmkleurige bloemen, hier verweven met impatiens. ○, 30-90 × 30-45 cm

Zinnia Zinnia's, in het late voorjaar op de volle grond gezaaid, geven in de zomer een enorme kleurenpracht. ○, 75 × 30 cm

Nigella damascena Met een naam als 'juffertje-in-het-groen' zijn deze eenjarige planten moeilijk te weerstaan. 45 × 20 cm

Heliotroop Deze plant bloeit diepblauw of violet en ruikt naar kersentaart. ○, 45 × 30 cm

Antirrhinum Leeuwenbekjes doen veel mensen aan vroeger denken. Deze intens oranjerood gekleurde bloemen zijn slechts een van de vele verschillende verkrijgbare varianten. ○, 30 × 15 cm

Tagetes patula Goudsbloemen produceren de hele zomer door bloemen. ○, 25 cm

Tagetes Deze specifieke variant heeft dubbele bloemen. ○, 25 cm

187

Viooltjes De prachtige, vrolijke bloempjes in alle mogelijke kleurencombinaties maken deze winterviool enorm populair. Zelfs bij strenge vorst blijft dit viooltje bloeien. 15 cm

Limnanthes douglasii Vaak ook wel moerasbloem genoemd; is ideaal als borderplant aan het begin van de zomer. ☉, 15 cm

Calendula officinalis Alle echte gouds-bloemen staan bekend om hun eenvoud en snelle bloei van voorjaar tot herfst. ☉, 45 × 30 cm

Gazania **'Dorothy'** Beschikbaar in verschillende kleuren. Planten op een zonnige plek, zodat de bloemen open gaan.
◯, 30 × 20 cm

Chrysanthemum parthenium Bekend om
de aromatische bladeren en lang bloeiende bloemen. ◯, 23 × 15 cm

Viola **'Sorbet Mixed'** Er zijn zoveel soorten viooltjes om uit te kiezen, dat ze altijd in
uw tuin passen. 10 × 30 cm

Godetia De kelkvormige bloemen maken deze plant ideaal voor in borders. 20-30 cm

Schizanthus × wintonensis 'Hit Parade' Deze armeluisorchidee is een van de mooiste eenjarige planten. ○, 30 cm

Salvia splendens De rode bloemen vallen altijd direct op. ○, 30 cm

Nemesia Nemesia zorgt voor een sliert van kleur in de border. ○, 30-45 cm

***Salpiglossis* 'Casino'** De trompetvormige bloemen bloeien in verschillende kleuren-
combinaties, waardoor u deze sterke eenjarige planten in verschillende tuinschema's
kunt gebruiken. ○ 60-90 cm

Een border als deze, dicht beplant met zomerbloeiende fuchsia's, biedt het grootste deel van de zomer kleur.

Lobularia maritima (Alyssum maritimum)
Vaak gebruikt als bodembedekker of opvuller. Ook verkrijgbaar in roze en lila. ○, 7,5 cm

***Osteospermum* 'Whirligig'** Prachtig gevormde bloemen voor een zonnig plekje in de tuin. ○, 30 × 30 cm

Senecio maritima De zilverkleurige cineraria is zeer populair om zijn sierlijke blad. Hier staat de eenjarige plant tussen kleurige begonia's. ◯, 30 × 30 cm

Impatiens Het felle vlijtige Liesje garandeert de hele zomer lang veel kleur. 30 × 15 cm

Ageratum Deze vroege bloeier blijft tot in de herfst doorbloeien. ◯, 15 cm

Berg- en rotsplanten: kleine parels in de tuin

Natuurlijk zijn berg- en rotsplanten erg geschikt voor een kleine tuin. Deze kleine bollen, vaste planten, heesters en zelfs bomen passen gezien hun hoogte goed in een kleine ruimte. Ze horen vooraan in de border thuis of in speciale rotstuinen, op een stenige helling of in een trog, oude aanrechtbak, pot of andere geschikte bak.

Over het algemeen houden ze niet van natte winters en doen ze het het best in goed gedraineerde grond. Breek zware kleigrond hiervoor in stukken en meng de grond met een grote hoeveelheid grit.

Deze volwassen rotstuin werkt omdat goed rekening is gehouden met de schaal. Er is goed gebruikgemaakt van steen, ook als basis voor natuurlijke uitlopers.

***Aubrieta* 'Barker's Double'** Deze aubrieta is zo gepositioneerd dat hij langs de muur hangt en een dramatisch contrast geeft met de grijze steen. Hij bloeit van het voorjaar tot de vroege zomer. ◗, 5 × 45 cm

Iberis priutii De opvallende witte bloemen in het late voorjaar tot de vroege zomer boven het donkere, groenblijvende blad, creëren de illusie dat de plant uit de kieren van de muur komt. ◗, 15 × 45 cm

Sanguinaria canadensis
'Plena' De sneeuwwitte
bloemen verschijnen vroeg
in het voorjaar. ☽, 10 cm

Ipheion uniflorum
'Violaceum' Een bol met
stervormige voorjaars-
bloemen. 15 cm

Iris pumila Deze mini-iris
verspreidt zich door het
grind. Bloeit in het voorjaar. 10 cm

***Lithodora diffusa* 'Star'** In de vroege zomer krijgt deze bloem, zoals de naam al aangeeft,
stervormige, blauwwitte bloemen. 15 cm

Tulipa batalinii Boven de sierlijke bladeren verschijnen in het voorjaar zachtgele bloemen. 10 cm

Corydalis flexuosa Deze opvallende blauwe bloem verschijnt in het late voorjaar. 30 × 30 cm

Dicentra cucullaria Een tere witte bloem in de vorm van een gebroken hartje. Bloeit in het voorjaar. 15 cm

Penstemon menziesii De bloemen van deze schildpadbloem, een van de vele soorten geschikt voor rotstuinen, gaat in de vroege zomer op. 15 × 30 cm

Dubbele primula's, zoals deze, zijn momenteel erg gewild. De planten moeten in de bloei in de zomer regelmatig worden gesplitst. 10 cm

Tijdens de paasdagen bloeit het wildemanskruid,
Pulsatilla vulgaris.
In dezelfde periode bloeit ook het opvallende speen-
kruid, in een van zijn vele cultivarsoorten. *Ranunculus*
'Brazen Hussey' doet zijn naam eer aan met zijn opval-
lende gele bloemen en bronskleurige blad.
Iedereen kent ook de sleutelbloem. Minder bekend is
Primula 'Hose-in-Hose', waarvan de bloem wordt
omgeven door een kraag van kleine blaadjes.

Phlox bifida Nog een rotsflox die tegen een stenen muur groeit. ◯, G, 10 × 30 cm

Mossy saxifrage Deze mooie bloemen verschijnen in de lente. Verwijder geregeld de uitgebloeide bloemen. G, 15 × 30 cm

Phlox subulata 'Betty' Deze laag groeiende flox bloeit in de late lente en de vroege zomer. ◯, G, 10 × 30 cm

Daphne cneorum Op een stille avond vult het parfum van dit prachtige peperboompje de hele tuin. In het voorjaar krijgt de plant boven de kleine wintergroene blaadjes prachtige roze bloemen. G, 45 × 90 cm

Aethionema 'Warley Rose' Deze heester, in de vroege zomer vol met bloemen, is halfwintergroen. ◯, 15 × 23 cm

Androsace lanuginosa Een bodembedekkende vaste plant die het grootste deel van de zomer bloeit. 5 × 30 cm

Arenaria montana Na de bloei in de zomer sterk terugsnoeien. 15 × 30 cm

Ajuga **'Pink Surprise'** Geeft in het voorjaar een prachtige dek met blad en bloemen. G, 15 × 60 cm

Brunnera macrophylla **(Siberisch vergeet-me-nietje)** Mooie voorjaarsbloemen. ◑, 45 × 45 cm

Lamium roseum **'Wootton Pink'** (links) Een prachtige combinatie van helderroze bloemen in het late voorjaar met het bonte blad. 15 × 30 cm

Epimedium × *youngianum* **'Roseum'** Geniet de eerste helft van het jaar van deze interessante kleine bloempjes. De bladeren worden in de herfst rood. 25 × 30 cm

Alchemilla conjuncta Geeft de hele zomer door veel geelgroene bloemen. 15 × 30 cm

Alchemilla erythropoda Een kleine vrouwenmantel met alle goede eigenschappen van *A. mollis*. 15 × 30 cm

Euphorbia myrsinites Plaats deze wolfsmelk tegen stenen aan of laat hem over een laag muurtje vallen. In het voorjaar krijgen de bovenste vlezige bladeren geelgroene schutbladen. ◯, G, 15 × 60 cm

Gentiana sino-ornata Helderblauwe
bloemen in de herfst. Deze gentiaan
vereist een natte, zurige rond en zon.
7,5 × 23 cm

Campanula garganica Vormt bladrozetten
waar in de zomer de bloemen tegenaan
bloeien. 15 × 30 cm

Campanula 'Birch Hybrid' Een snelgroeiende, veelzijdige plant die de hele
zomer bloeit. 15 × 30 cm

**Omphalodes cappadocica 'Cherry
Ingram'** Een dik dek blauwe bloemen
gedurende het voorjaar. 15 × 30 cm

Ramonda myconi Slechts weinig bergplanten gedijen in de schaduw. Ramonda is hierop een uitzondering. Bloeit laat in het voorjaar/vroeg in de zomer. ●, G, 7,5 × 15 cm

Erinus alpinus Bloeit laat in het voorjaar en in de zomer, verkrijgbaar in rood, paars, roze of wit. ○, G, 7,5 × 7,5 cm

Erigeron karvinskianus Deze zelfzaaiende plant groeit overal waar hij wortel kan schieten. Bloeit in de zomer en herfst. ○, 15 × 30 cm

Armeria maritima Produceert in de zomer kleine ronde, roze bloemen. ○, G, 10 × 20 cm

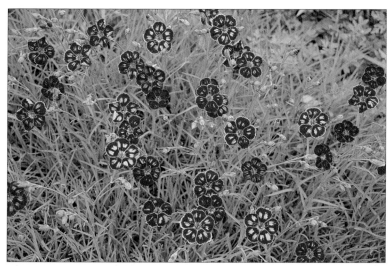

Dianthus **'Gravetye Gem'** Plant deze anjer niet alleen om zijn geurige bloemen in de zomer, maar ook voor het mooie spitse blad. ◯, G, 20 × 30 cm

Dianthus **'Rose de Mai'** Een overdaad aan bloemen in de zomer. ◯, G, 20 × 45 cm

Convolvulus sabatius Geef deze convolvulus de ruimte om in de zomer en vroege herfst buiten de border te bloeien. ◯, 15 × 45 cm

Bloembollen: bloemen het hele jaar

Vanaf de eerste sneeuwklokjes in de late winter tot de nerines in het najaar zijn er ontelbaar veel bollen die zelfs de kleinste tuin aantrekkelijk en spannend maken.

Het geheim is ze dicht bij elkaar te zetten. Plant ze in grote groepen om ruimtes tussen bestaande vaste planten op te vullen en om te contrasteren met groenblijvende planten, of in potten om een terras op te fleuren.

Over het algemeen vereisen bollen een goede afwatering. Als uw grond zwaar is en er veel water blijft staan, meng dan genoeg tuingrit door de compost. In sommige gevallen is het een goed idee de bollen op een laag grit te leggen.

Cyclamen coum Zelfs zonder de mooie roze of witte bloemen aan het eind van de winter zijn deze cyclamen uiterst aantrekkelijk door hun bladtekening. ◑, 10 cm

Crocus tommasinianus Maak wat ruimte in de tuin voor deze vroege bloeiers. 10 cm

Nederlandse krokus Deze krokus gedijt in de open grond, in de zon of de schaduw, of in potten. 10 cm

Anemone blanda **'White Splendour'** Deze bosanemonen stralen tussen de onderste takken van een sierkwee. 10 cm

Narcissus cyclamineus
Deze voorjaarsnarcis heeft
een lange uitstekende
trompetbloem. 15-20 cm

Narcissus bulbocodium Wanneer u weinig ruimte hebt,
zijn minivarianten, zoals deze, ideaal. ◯, 15-20 cm

Narcissus 'February Gold'
Van alle mininarcissen is dit
de favoriet. 15-20 cm

Narcissus **'Hawera'** gedijt
op een goed gedraineerde
plek. 45 cm

Hyacinthoides italica Hier
gebruikt als vulling van een
lenteborder. 20 cm

Erythronium **'Citronella'** Prachtig lichtgele voorjaars-
bloemen. Deze hondstand sterft in de vroege zomer af.
15 cm

Tulipa **'Keizerskroon'** Dit vergeten hoekje is nieuw leven ingeblazen met tulpen en de primula 'White Shades'. 45 cm

Muscari plumosum Deze pruimachtige voorjaars-bloemen zijn lichtpaars. 25 cm

Tulipa **'Maréchal Niel'** Het goudgeel van de tulp wordt hier mooi gecombineerd met het geel van het hart van het witte viooltje. 45 cm

***Anemone nemorosa* 'Robinsoniana'** Het is moeilijk deze verleidelijke lilakleurige voorjaarsanemoon te weerstaan. 15 cm

Tulipa **'Black Parrot'** De fluweelzachte papegaaientulpen vormen een integraal onderdeel van deze kleine tuin, omzoomd met taxus. 45 cm

Fritillaria imperialis Fritillaria, in oranje, rood en geel, zijn zonder twijfel de opvallendste voorjaarsbollen. 1 m × 30 cm

Fritillaria pyrenaica Een ongewone keuze voor een voorjaarstuin. 30 cm

Iris sibirica Al deze irissen groeien het beste op watervasthoudende rond. Bloeit in de vroege zomer. ◯, 60 × 60 cm

Allium aflatunense '**Purple Sensation**' Deze prachtige sieruien kunnen zo worden geplant dat ze boven andere zomerbloemen uitsteken. 1 m

Nectaroscordum siculum Met sierlijke bloemenschermen. Groeit in de volle zon of halfschaduw onder bladplanten. 1 m

Gladiolus byzantinus Een kleinbloemige, vroegbloeiende gladiool die winterhard genoeg is om in de tuin te blijven staan. 60 cm

Eremurus bungei De naald van Cleopatra maakt in de zomer zeker indruk. ○, 1,5 m × 60 cm

Lilium martagon* var. *album De Turkse lelie groeit vrij gemakkelijk in de halfschaduw. 1,5 m × 30 cm

Allium moly Een extra bonus van deze fel-gekleurde zomerbloeiende gele ui is de geur. 25 cm

Lilium regale De bedwelmende geur van de koningslelie is in de zomer een groot genot. Deze lelie gedijt in potten. 1,2 m × 30 cm

***Lilium* 'King Pete'** Dit is slechts een van de vele Aziatische varianten waaruit u in de zomer kunt kiezen. 1 m × 30 cm

Agapanthus **Headbourne, hybriden**
Plant de Afrikaanse lelie in de open grond
of in een pot, voor bloemen in de nazomer.
○, 60 × 45 cm

Eucomis bicolor De ananasplant heeft in
de zomer aparte groene bloemen.
○, 45 × 60 cm

Herfstkrokus Zelfs wanneer u ze in de
herfst plant, bloeien ze binnen drie tot
vier weken. 10 cm

Nerine bowdenii Prachtige opvallende
bollen die aan het eind van het seizoen
bloeien. ○, 45 × 20 cm

Crinum powellii Plant de bollen in goed gedraineerde grond, zodat u in de herfst van deze prachtige bloemen kunt genieten. ◐, 1 m × 60 cm

Dahlia **'Gerrie Hoek'** Alle laatbloeiende dahlia's creëren warmte in een herfstborder. ◐, 60 × 60 cm

Colchicum speciosum De herfststijloos vraagt goed gedraineerde grond en volle zon. Bloeit in de herfst. ◐, 20 × 20 cm

Cyclamen hederifolium De bloemen, die eerder verschijnen dan het blad, bloeien in de herfst. 10 × 20 cm

Waterplanten: rijk aan bloemen en blad

Bijna elk waterornament, hoe klein ook, ziet er wat naakt uit zonder beplanting. Naast de planten die in het water groeien, dragen ook planten voor aan het water op twee manieren bij aan de sfeer en uitstraling van een watertuin. Ten eerste creëren ze een natuurlijk beeld en geven ze de illusie van vruchtbare, watervasthoudende grond, misschien zelfs de illusie van een moerastuin. Ten tweede hebben ze een functie; ze verbergen de mechanische onderdelen van het kunstmatige watersysteem.

Primula sieboldii Plant deze primula in vochtige grond, op een beschutte plek. Bloeit vroeg in de zomer. 20 × 30 cm

Primula florindae Deze primula geeft in de zomer wekenlang kleur aan de tuin. ☾, 75 × 75 cm

Primula pulverulenta Deze etageprimula
springt in de vroege zomer direct in het
oog. 1 m × 45 cm

***Primula japonica* 'Postford White'**
Bloeit vroeg in de zomer in de halfschaduw.
45 × 45 cm

Primula vialii De helderrode knoppen
gaan in het late voorjaar langzaam open.
Planten in humusrijke, vochtige grond.
30 × 30 cm

Astilbe × *arendsii* **'Erica'** Alle spirea's staan bekend om hun veerachtige pluimen en diep ingesneden bladeren. 1 × 1 m

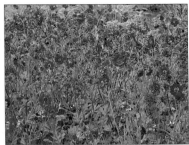

Geum **'Red Wings'** Een opvallende soort nagelkruid. Bloeit in de zomer. ◐, 30 × 30 cm

Astilbe × *arendsii* **'Granat'** Dieprode roestkleur, een welkome variant op de vele pasteltinten. 1 × 1 m

Geum rivale **'Album'** Een prachtige, eenvoudige witte soort nagelkruid. 60 × 60 cm

***Lobelia* 'Dark Crusader'** Deze aantrekkelijke, kleurrijke vaste plant verdient een prominente plaats in elke tuin. Bloeit laat in de zomer. 1 m × 30 cm

Mimulus Bloeit in de zomer, maar vereist een plek die het hele jaar door vochtig is. 30 × 30 cm

Camassia leichtlinii De violetblauwe bloemen verschijnen in de vroege zomer. Vochtminnende vaste plant. 75 × 30 cm

Arisaema candidissimum Exotische plant die bloeit in de vroege zomer, voordat de bladeren volgroeid zijn. 30 × 30 cm

Dodecatheon meadia De vallende ster is een prachtige plant voor een vochtige plek. Bloeit in het voorjaar. 45 × 30 cm

Schizostylis coccinea De kafferlelie, die
bloeit van de nazomer tot in de herfst,
voegt kleur toe aan de tuin. 60 × 30 cm

Filipendula rubra **'Venusta'** Hoge, zoetgeurende spirea die in de zomer grote,
roze bloemschermen draagt. 2 × 1,2 m

Chaerophyllum hirsutum **'Roseum'**
Lijkt erg op fluitenkruid. Bloeit in het late
voorjaar. 60 × 60 cm

Cardamine pratensis (pinksterbloem)
Vaste plant waarvan de lila bloemen in het
vroege voorjaar verschijnen. 25 × 10 cm

Caltha palustris Gebruik deze plant aan de rand van de vijver of als voorjaarsbode. ◯, 30 × 45 cm

Lysichiton americanus Aan de rand van een vijver creëert deze plant in het voorjaar extra interesse. 1 m × 75 cm

Trollius europaeus De gele bloemen van de kogelbloem verschijnen in de lente. 60 × 60 cm

Iris 'Holden Clough' Deze iris heeft in de zomer een prachtige tekening. 75 × 75 cm

Iris sibirica **'Soft Blue'** Clustervormende Siberische iris; zeer aantrekkelijk in een border met vroege zomerplanten.
1 m × 60 cm

Trillium grandiflorum **'Roseum'** Rijke grond, beschutting tegen direct zonlicht en veel geduld zijn vereist om deze voorjaarsbloem te kweken. ●, 38 × 30 cm

Iris missouriensis In een kleine tuin is duidelijk niet genoeg ruimte voor een grote groep irissen. Probeer echter wel een dramatisch effect te bereiken. 60 × 60 cm

Houttuynia cordata **'Chameleon'** Deze veelkleurige, bodembedekkende vaste plant groeit redelijk snel. Toch is hij niet moeilijk in bedwang te houden. ◯, 10 cm

Matteuccia struthiopteris Deze varen is vooral in het voorjaar, wanneer de bladeren zich ontkrullen, zeer aantrekkelijk.
1 m × 60 cm

Rodgersia sambucifolia Grootbladige rodgersia's nemen natuurlijk ruimte in beslag. Wel geven ze een plantenschema meer karakter. 1 × 1 m

Hosta sieboldiana De grijsgroene bladeren zijn direct vanaf het begin van het voorjaar interessant. ◑, 75 × 75 cm

Onoclea sensibilis Deze prachtig gevormde varen is geschikt als beplanting bij een kleine vijver. 45 × 60 cm

Gebruik hosta's, zoals deze prachtige *H.* 'Halcyon, in een watertuin om vorm toe te voegen aan anders vormeloze beplanting en natuurlijk als bodembedekking.

Aponogeton distachyos Zet planten als de waterdoorn in een kleine vijver voor de zuurstoftoevoer. Planten in maximaal 45 cm water.

Myriophyllum aquaticum De papegaaien-veer gedijt onder water en houdt het water helder.

Orontium aquaticum Nog een zuurstofplant, maar een met ongewone, puntige crème-kleurige bloemen met gele punten. Zet deze plant in maximaal 30 cm water.

***Nymphaea* 'James Brydon'** Verdeel
waterlelies om de paar jaar in het voorjaar.
Plantdiepte 23-45 cm.

***Nymphaea* 'Laydekeri Fulgens'**
Gewoonlijk bloeien lelies van vroeg in de
zomer tot de eerste vorst. Plantdiepte 23 cm
of dieper.

***Nymphaea* 'Marliacea Albida'** Net als
alle waterlelies planten in stilstaand water
in de volle zon. Plantdiepte 45 cm.

***Nymphaea* 'Marliacea Chromatella'**
Bloemen met een botergele kleur.
Plantdiepte 45 cm.

Vul een mooi pot of bak met seizoensbollen.
Deze vroegbloeiende *Iris reticulata* brengt
een sprankje kleur in de koude dagen na de
winter

Door de jaargetijden

De eigenaar van een kleine tuin moet proberen een tuin het hele jaar rond interessant te maken. Dit is, dat geef ik toe, vaak erg moeilijk. Maar het is mogelijk. Het vereist kennis van planten, oog voor combinaties, goed onderhoud, een kritisch oog en aandacht voor details. Het vereist geduld, flexibiliteit, fantasie, inzicht en logisch nadenken. Dan geldt dat de resultaten alle tijd en moeite waard zijn.

Bomen, heesters en vaste planten spelen allemaal een belangrijke rol in de tuin. Kies die bomen die, om welke reden ook, op meer dan één manier bijdragen aan de algemene sfeer in de tuin. Misschien draagt een boom naast bloesems ook fruit of is het blad of de bast in de herfst of winter interessant. Soms is alleen het effect van sneeuw op een groenblijver of de continue bloei van een vaste plant voldoende. Wat in een kleine ruimte belangrijk is, is dat u denkt aan alle kenmerken van alle planten die u voor de tuin kiest.

Erica carnea **'Myretoun Ruby'** Winterbloeiende heide die in de winter en het vroege voorjaar bloeit. G, 30 × 45 cm

Bergenia purpurascens Deze prachtige bladeren zijn de wintermantel, zodra het warm wordt, worden ze groen. G, 30 × 45 cm

***Hedera helix* 'Cristata'** Plant deze korte klimop voor de mooi gevormde bladeren. G, 2,7 m

***Hedera helix* 'Buttercup'** Deze intensieve kleur is vooral buiten het seizoen zeer effectief. G, 2,7 m

***Hedera helix* 'Glacier'** Klimop zijn ideale bodembedekkers in de halfschaduw. G, 2,7 m

***Hedera helix* 'Goldheart'** Heeft het hele jaar een uitnodigende kleur. G, 2,7 m

***Ilex aquifolium* 'Ferox Argentea'** Alle groenblijvende hulst, en deze is hierop geen uitzondering, is een indrukwekkende achtergrond. G, 2,4 × 2,4 m

Acer shirasawanum aureum De goudkleurige Japanse esdoorn is vanaf het voorjaar tot de herfst een baken in de tuin. ◐, 3 × 2,4 m

***Aucuba japonica* 'Gold Dust'** Produceert vanaf de herfst tot het voorjaar rode besjes. G, 2,4 × 2,4 m

Artemisia **'Powis Castle'** Een perfect contrast voor roze, blauwe en paarse bloemen. ◯, G, 1 × 1,2 m

Euonymus fortunei **'Silver Queen'** Een heester die het goed doet in de schaduw. G, 1 × 1,5 m

Hebe pinguifolia **'Pagei'** Grijsgroen blad, dat het hele jaar rond mooi blijft. G, 30 cm × 1 m

Helictotrichon sempervirens Slank blauw-grijs blad dat het hele jaar aantrekkelijk is. In het voorjaar tot op de grond terug-knippen. ◐, 1,2 m × 30 cm

Festuca ovina Grassen zijn het hele jaar door interessant. ◐, 25 × 30 cm

Stachys byzantina Het grootste deel van het jaar zijn de zachte ezelsoren een mooie bodembedekker. ◐, G, 45 × 30 cm

Ballota pseudodictamnus Gedijt in de zon op goed gedraineerde grond. ◐, G, 30 × 45 cm

Abelia schumanii Van de zomer tot in de herfst geeft deze plant warme paarsroze bloemen. Half-G, 1,5 × 1,5 m

Indigofera heterantha Een lang bloeiende plant, van midzomer tot in de herfst. ◯, 2 × 2 m

Euphorbia dulcis 'Chameleon' Het paarse blad verandert langzaam in groen en oranjerood. 40 × 40 cm

Allium schoenoprasum 'Forescate' Roze sieruien zijn aantrekkelijke border-planten. 30 × 30 cm

Clematis **'Dr. Ruppel'** Bloeit de hele zomer. Hoogte is afhankelijk van de grond en locatie.

Rosa **'Cornelia'** Deze hybride muskus-roos bloeit de hele zomer en is ideaal voor een gemengde border. ◗, 1,2 × 1,2 m

Lavatera **'Barnsley'** Geeft in de zomer maandenlang een overdaad aan lichtroze bloemen. ◗, 2 × 1 m

Escallonia 'Iveyi' De witte bloemen, van
midzomer tot late zomer, kunnen worden
gecombineerd met een contrasterende
clematis. G, 4 × 3 m

Hydrangea quercifolia Deze witte bloemenschermen worden later in het seizoen
langzaam roze. 2 × 2,4 m

Leucothöe fontanesiana De trossen met
kleine witte bloempjes verschijnen in het
voorjaar. G, 1,5 × 3 m

***Epimedium × youngianum* 'Niveum'**
Na de bloei van de tere witte voorjaars-
bloemen ontwikkelen zich mooie bladeren.
25 × 30 cm

Pittosporum tenuifolium Zeer ornamentele groenblijvende heester die veel in bloem-stukken wordt gebruikt. Planten op een niet te koude, zonnige plek. G, 5 × 4 m

Clematis armandii Zeer gewild in het voorjaar om zijn heerlijk geurende bloemen. ◑, G, hoogte afhankelijk van grond en locatie.

Eryngium tripartitum De hele zomer lang staalblauwe bloemen. ◑, 45 × 25 cm

Helleborus foetidus **'Wester Flisk'** Deze variant heeft grijsgroene bladeren, in de winter/lente ondersteund door de rode bloemenstelen. ◑, G, 45 × 45 cm

Rosa **'Graham Thomas'** Een nieuwe Engelse roos die de zomer en herfst bloeit. ◐, 1,5 × 1 m

Erysimum **'Bowles' Mauve'** Deze vaste muurbloem bloeit bijna elke maand van het jaar. 60 × 60 cm

Pulsatilla vulgaris Het wildemanskruid,
ook verkrijgbaar in wit en wijnrood,
bloeit prachtig in het voorjaar. 30 × 30 cm

***Salvia officinalis* 'Purpurascens'** Het
blad fungeert het hele jaar als achtergrond
voor andere beplanting. ◯, G, 60 cm × 1 m

***Clematis* 'Lord Nevill'** Intens blauwe
bloemen in de vroege zomer en de herfst.
Hoogte is afhankelijk van grond en locatie.

Viola labradorica De donkere bladeren
zijn bijna wintergroen. De kleine lila en
paarse bloempjes bloeien in het voorjaar
en in de zomer. 10 × 30 cm

Viburnum davidii Een langzaam groeiende heester die het ook op ongewone plekken goed doet. G, 90 cm × 1,5 m

***Viburnum tinus* 'Eve Price'** Gemakkelijk groeiende heester met roze bloemen van de herfst tot in de lente. G, 2,4 × 2,4 m

Cotoneaster horizontalis Wanneer deze heester volgroeid is, is het effect spectaculair. De rijke herfstbladeren combineren zeer mooi met de rode bessen. 1,5 × 1,5 m

De eenvoud van de combinatie van deze bonte
hulst en buxusbollen straalt stijl en sfeer uit.

Register

Aquilegia-hybriden

Dicentra 'Langtrees'

Spiraalvormige laurier (*Laurus nobilis*) in een lavendelbed

Pioenrozen met gele *Achillea* en paarse *Nepeta*

Dankwoord

Veel van de foto's zijn genomen in de tuin van de auteur, Arrow Cottage, Ledgemoor, Weobley, Herefordshire. De producenten willen de vele mensen en organisaties bedanken die toestemming hebben gegeven voor de foto's in dit boek, waaronder: Mr en Mrs Terence Aggett; Pelham Aldrich-Blake, Bristol (blz. 96-103, ontworpen door Julian Dowle van The Julian Dowle Partnership, The Old Malt House, High Street, Newent, Gloucestershire GL18 1AY); Anthony en Fenja Anderson; Aspects Garden Design; Mr en Mrs A. Bambridge, Llanvair Kilgeddin, Abergavenny; Barnsley House, Barnsley, Cirencester; Prue Bellak (blz. 74-77); Lindsay Bousfield, Acton Beauchamp Ross, Worcester; Bromesberrow Place Nurseries, Ledbury; Burford House, Tenbury Wells; David en Mary Butler; Chilcombe House, Chilcombe; Mrs. B. Cope; dr. Lallie Cox, Woodpeckers, Marlcliff, Bidford-on-Avon; Croft Castle (National Trust); Kim Davies, Lingen; Dinmore Manor, Hereford; Richard Edwards, Well Cottage, Blakemere; Mr en Mrs J. Hepworth, Elton Hall, Wigmore; Jacquie Gordon, Garden Design, 'Rattys', Glebe Road, Newent, Gloucestershire Gl18 1BJ (blz. 78-81); Mr en Mrs R. Humphries; Kim Hurst, The Cottage Herbery, Boraston, Tenbury Wells; Mr en Mrs J. James; Kiftsgate Court, bij Chipping Camden; Mr en Mrs D. Lewis, Ash Farm, Much Birch; Mirabel Osler (blz. 62-67); The Picton Garden, Colwall; Mrs Richard Paice, Bourton House; Anthony Poulton en Brian Stenlake, 21 Swinton Lane, Worcester (blz. 82-87); Mr en Mrs D. Pritchard, Newbury (blz. 116-119); RHS Garden, Wisley; Mr en Mrs Charles Reading, Hereford (blz. 68-73); mevr. Clive Richards, Swansea SA2 0FW (blz. 108-115); Mary Ann Robinson; Paul en Betty Smith, The Old Chapel, Ludlow (blz. 88-91); Malley Terry; Raymond Treasure, Stockton Bury Farm, Kimbolton; Mr en Mrs P. Trevor-Jones, Preen Manor, Shropshire; Carole en Shelby Tucker; Wakehurst Place (National Trust); Richard Walker; Mr en Mrs D. Williams-Thomas, The Manor House, Birlingham.

Het tuinhuis in Mirabel Oslers tuin op blz. 67 is gemaakt door Richard Craven, Stoke St. Milborough, Shropshire SY8 2EJ.

De foto van de met een gouden medaille bekroonde tuin, Preferred Direct Garden, op de Chelsea Flower Show (ontworpen door Jacquie Gordon en Julian Dowle van The Julian Dowle Partnership) op blz. 12-13 is gemaakt door Derek Harris.